프랑스 노동법

LE DROIT DU TRAVAIL

Alain Supiot

박제성 옮김

오래

역자 서문

내가 프랑스 노동법과 처음으로 인연을 맺은 것은 대학원에서 석사학위 논문을 준비할 때였다. 논문 주제가 "직장폐쇄"였는데, 일본과 독일과 프랑스를 비교하는 연구였다. 일본과 독일의 논의는 한국에도 많이 소개되어 있어서 그다지 새롭지는 않았다. 대개는 직장폐쇄를 사용자의 대항행위로 인정한 다음, 어떤 경우에 위법하게 되는가를 논하는 것이었다. 그런데 프랑스의 논의는 방향이 달랐다. 직장폐쇄는 원칙적으로 사용자의 채무불이행에 해당하므로 어떤 경우에 예외적으로 위법성이 조각되는가를 논하는 방식이었다. 그리고 그러한 접근법이 파업권을 노동조합의 권리가 아니라 근로자의 권리로 바라보는 관점과 결합되어 있음도 알게 되었다. 신선했다. 그리고 흥미로웠다. 프랑스 노동법을 좀 더 체계적으로 공부해보고 싶은 욕심이 생겼다. 그러나 당시만 해도 한국에서 프랑스 노동법은 관심의 대상이 아니었다. 연구자도 극소수였고, 연구 결과도 거의 없었다. 이는 한국 노동법학의 심각한 이론적 편향으로 이어졌다. 2000년대 들어와서야 비로소 조금씩 프랑스 노동법에 대한 관심이 생겨나기 시작했다. 특히 조용만 교수(건국대)가 "프랑스의 정리해고법리"(서울대, 1998)로 박사학위를 받고 나서 왕성한 연구 활동으로 프랑스 노동법을 한국에 소개하는 데 큰 기여를 하였다. 얼마 후 조임영 교수(영남대)가 "프랑스 불안정근로계약"(영남대, 2000)에 관한 연구로 박사학위를 받으면서 이 분야에서 프랑스의 논의를 소개하는 데 기여를 하였다. 이 두 분의 연구 활동으로 프랑스 노동법의 기본적 논의는 어느 정도 참고문헌 목록을 갖추게 되었다. 그 다음은 프랑스에서 노동법 학위를 받고 귀국한 나의 몫이 되었다. 그것은 어쩔 수 없는 것이기도 했지만, 또한 한국 사회 전체의 도움에 힘입어 무사히 학위를 받을 수 있었던 자의 의무이기도 했다. 특히 프랑스 노동법 교과서를 번역했으면 좋겠다는 바람들이 간헐적으로 제기되었다. 외국의 교과서를 번역한다는 것은 대단히 큰 의미를 갖는다. 우선 그 나라의 노동법 전체에 대한 체계적인 지식을 요구하는 독자들과 그러한 기대에 부응할 수 있는 번역자가 있다는 것을 의미하고, 나아가 교과서란 주기적으로 개정판이 나온다는 점을 생각할 때, 원서의 개정판이 나올 때마다 바뀐 내용을 살펴 번역판에 반영할 수 있는 성실함이 뒷받침되어야 한다는 것을 의미한다. 그러나 부끄럽게도 나는 그러한 능력과 성실함을 갖추지 못한 게으른 연구자였기 때문에 프랑스 노동법 교과서를 번역하는 일은 엄두도 내지 못하였다. 거기에는 프랑스의 가장 대표적인 노동법 교과서가 1,000쪽이 넘을 정도로 너무 두껍다는 점도 한몫을 했다. 한편, 귀국 후 여러 대학에서 프랑스 노동법을 강의할 기회가 있었는데, 그 때 강의 교재로 쓸 만한 입문서가 있었으면 좋겠다는 생각을 했다. 그래서 선택한 것이 알랭 쉬피오 교수의 〈노동법〉이었다. 2007년에 한양대 대학원에서 프랑스 노동법을 강의하면서 이 책의 초판(2004)을 번역하여 교재로 사용하였다. 그리고 2010년에 제4판(2009)을 참조하여 번역을 개정하였다. 그 때까지만 해도 정식으로 출판할 생각은 없었다. 책 자체가 프랑스에서 일반인을 대상으로 하는 인문교양시리즈의 한 권으로 나온 것이어서 전문적이고 구체적인 내용은 생략된 채 핵심만 압축적으로 서술되어 있기 때문에, 한국의 독자들이 프랑스 노동법을 체계적으로 이해하는 데 도움을 주기 위해서는 별도의 해설서가 필요하리라 생각했기 때문이다. 그래서 가까운 동료 연구자들에게 참고용으로만 나누어 주었다. 그런데 서울대학교 이흥재 교수가 지금 우리한테 필요한 것이 바로 이런 책이라면서 출판을 강력하게 제안했다. 그리고 내 생각도 좀 바뀌었다. 너무 기술적인 설명 위주의 책보다는 노동법 일반과 프랑스 노동법을 좀 더 원리적으로 이해할 수 있는 책이 프랑스 노동법을 전공하지 않은 한국의 독자들에게는 입문서로서 더 낫겠다고. 다행히 오래출판사에서 출판을 흔쾌히 맡아 주어 일이 무사히 마무리될 수 있었다. 이 자리를 빌어 황인욱 사장을 비롯한 오래출판사 관계자들께 깊은 감사를 드린다.

이 책은 프랑스 PUF 출판사의 유명한 인문교양시리즈인 "크세쥬" 시리즈의 한 권이다. "크세쥬"란 "나는 무엇을 아는가?"(Que sais-je?)라는 몽테뉴의 말에서 따온 것이다. 한국에서는 한길사가 예전에 일부를 번역하여 출판하였는데, 지금은 중단된 것 같다. 이 책은 세계적인 명성을 얻고 있는 알랭 쉬피오 교수가 20여 년에 걸친 연구 성과를 100쪽 정도의 작은 책에 압축한 것이다. 쉽고 간결한 문체로 씌어져 일반인도 부담없이 읽을 수 있지만, 그렇다고 그 내용이 얕은 것은 아니다. 쉬피오 교수는 사회적 관계의 교의적(dogmatique) 기초를 분석하는 데 열심이다. 이 책도 저자 특유의 교의적 법 개념에 입각하여 서술되었다. 교의란 "교조" 또는 "도그마"라고도 하는 것인데, 일반적으로는 부정적인 의미로 받아들여진다. 이성에 반하는 것으로 여겨지기 때문이다. 그러나 어떤 사회도 교의적 기초 없이는 성립되거나 유지될 수 없다. 인간의 모든 행위에 합리적 근거를 갖다 대어야 한다면 인간은 한 걸음도 내딛지 못할 것이다. 인간의 모든 행위를 이성적으로, 즉 과학적으로 설명하고자 하는 욕망은 근대인의 특징이다. 과거의 우생학에서 나치의 인종주의를 거쳐 지금의 시장전체주의까지, 그 한가운데를 관통하는 것은 바로 그러한 욕망이다. 그러나 그것은 불가능하다. 삶은 그 자체로 기적이기 때문이다. 교의적인 것은 반이성적 맹신을 부추기는 것이 아니라 거꾸로 이성을 정초함으로써 그 주춧돌 위에서 인간이 자유롭게 행위할 수 있도록 해 준다. 법이란 그러한 의미에서 교의적인 것이며, 따라서 교의적 법 개념은 근대성에 대한 근원적 반성이라고 할 수 있다. 하지만 아쉽게도 이 책 자체에서 그러한 사상을 충분히 음미하기는 쉽지 않을 것 같다. 학술 논문 한 편의 내용이 두세 줄로 압축되어 있는 식이기 때문이다. 저자의 다른 책들이 함께 번역되어 읽힌다면 이 작은 책이 얼마나 풍요로운 생각들을 머금고 있는지 드러날 것이다. 그러기를 바라마지 않는다. 독자들이 이 책의 진미를 맛보는 데 어려움이 있다면 그것은 또한 번역이 엉망인 탓도 있으며, 그것은 곧바로 역자의 글쓰기가 엉망이기 때문이다. 쉬피오 교수의 프랑스어 문장은 웬만한 문필가 뺨칠 정도로 정확하고 수려한 문장인데, 그것을 한국어로 제대로 옮기기에는 역자의 문장이 너무 짧다. 당장의 필요 때문에 감히 출판을 시도하지만, 참으로 부끄러울 따름이다. 다행히 개정판을 낼 수 있는 기회가 주어진다면 문장을 좀 더 다듬어 볼 수 있겠지만, 언감생심이라 그저 독자들의 호된 질책을 기다릴밖에.

2011년 7월 28일

박제성

서 문

노동법이라는 개념은 최근의 개념이면서 또한 끊임없이 변화하는 개념이다. 노동법의 발전은 거래와 영업의 자유에 경제적 기초를 두는 자본주의 국가들에서 임노동의 탄생과 발전에 관련되어 있다. 노동법이라는 개념은 우선 19세기 말 독일에서 나타났으며 그 후 점차 다른 지역으로 확산되었다. 오늘날에도 여전히 일부 영국의 법률가들은 노동법이라는 개념보다 '산업관계'(*industrial relations*)라는 개념을 선호한다. 프랑스에서는 제 2 차 세계대전 때까지 임노동은 법률가들의 머릿속에서는 육체노동과 동일시되었고, 법률가들은 임노동을 규율하는 법률들을 "계급법"(droit de classe: L. Josserand)으로 보는 데 주저하지 않았다. 법학 교과서들은 이를 "산업입법"(législation industrielle: P. Pic, 1984; H. Capitant et P. Cuchem, 5e éd., 1939)이라는 이름으로 혹은 "육체노동법"(droit ouvrier: G. Scelle, 2e éd., 1929)으로 지칭하였다. 사회적으로 그리고 경제적으로 균일한 하나의 계급을 상정하는 이 법은 노동관계와 사회보장을 하나의 체계로 묶었다. 그러나 1938년부터 『사회법』(*Droit social*)의 창간자들(P. Durand, F. de Menthon, P.-H. Teitgen)은 이 새로운 법이 좀 더 중요한 내용을 갖는다는 점을 깨달았다. 민법전이 사회를 자유롭고 평등한 개인들의 집합으로만 보았을 때, "사회법 사상"(*idée du droit social*: 1932년 Sirey에서 출판된 G. Gurvitch의 유명한 논문 제목)은 모든 인간 사회를 직조하는 종속 관계와 집단에의 소속 관계를 고려할 수 있도록 해 주었다. 이러한 분석의 근거를 확인하는 임노동의 거역할 수 없는 확산(오늘날 경제활동인구의 약 80퍼센트가 임금노동자이다)과 사회보장의 일반화(1945년 건강보험의 탄생과 더불어)는 '사회법'(*droit social*)이라는 이름 아래 노동법과 사회보장법을 아우르는 현재의 용어법을 가져왔다. 노동법과 사회보장법은 모두 '고용'(*emploi*)—노동을 인간들의 경제적 안전의 주된 원천으로 만드는—과 관련되어 있다는 점에서 밀접하게 관련되어 있다.

노동법은 본질적으로 임금노동에 관한 법이며 원칙적으로 자유로운 노동이나 공무원의 노동 또는 비영리적 노동(가족 안에서 행해지는 양육 또는 가사)은 규율하지 않는다. 그러나 노동법이 다른 형태의 노동에 대해서 미치는 매력이나 노동법이 다른 형태의 노동과 맺는 관계들 덕분에, 노동법의 영향력은 그 영역을 넓혀 가고 있다. 경제적 종속 관계에 대한 일반 법으로서의 노동법의 기능은 노동법상의 많은 개념들이 임노동을 넘어 확대되는 사실에서 드러난다. 예컨대 과거에는 단결의 자유, 신체의 안전을 확보할 의무, 사회보험들이 그러했고, 오늘날에는 직업훈련이나 단체교섭이 그러하다.

노동법이 자신의 왕국을 확대해 감에 따라 점점 그 단순성과 원초적 단일성을 잃어가고 있다. 기술적으로 대단히 복잡하다는 점, 계속되는 법발전으로 인해 불안정하다는 점, 분류할 수 없다는 점(노동법은 사법과 공법 또는 인격법과 계약법이라는 익숙한 구분법을 초월한다) 등은 노동법을 유난히 접근하기 어려운 법으로 만들기도 하지만, 동시에 현대 세계에서 법의 변화를 반영하는 충분히 신뢰할 만한 거울

로도 만든다. 이 책의 목적은 이러한 점들을 이해하기 위한 주된 열쇠들을 제공함으로써 독자들이 많은 문들을 스스로 열어 제칠 수 있도록 하는 데 있다.[1)]

1) 특별한 언급이 없는 한 이 책에서 인용하는 법조문들은 『노동법전』(*Code du travail*)의 조문들이다. 판례를 인용하기 위하여 사용된 약어들의 의미는 다음과 같다. CC: 헌법위원회(Conseil constitutionnel); 파기원 민사부: Cour de cassation, Chambre civile; 파기원 사회부: Cour de cassation, Chambre sociale; CE: 최고행정법원(Conseil d'Etat); CJCE: 유럽사법재판소(Cour de justice des Communautés européennes). 최근의 판결들은 이 법원들 인터넷 사이트에서 검색할 수 있으며, 나머지는 파기원의 판례공보(Bulletin civil)나 최고행정법원의 판례공보(Recueil Lebon)에서 찾을 수 있다.

차 례

역자서문 ······························ 1

서 문 ······························ 5

[일러두기] ······························ 11

제 1 장 노동법의 계보학 ······························ 13

Ⅰ. 선 사 14

Ⅱ. 역 사 17

제 2 장 비교법 ······························ 25

Ⅰ. 차이점 26

Ⅱ. 영 향 32

제 3 장 근로계약의 제도화 ······························ 35

Ⅰ. 법 36

Ⅱ. 판 사 42

Ⅲ. 사회보장 46

제 4 장 직업적 자유 ······ 49

Ⅰ. 영업의 자유 50
Ⅱ. 노동의 자유 53
Ⅲ. 단결의 자유 55

제 5 장 종 속 ······ 65

Ⅰ. 종속의 지표: 임금노동의 경계 67
Ⅱ. 종속의 제한: 사용자의 권력의 제한 74

제 6 장 집단적 노동관계 ······ 79

Ⅰ. 집단적 대표 81
Ⅱ. 노동쟁의 91
Ⅲ. 단체교섭 95

제 7 장 임금과 근로시간의 교환 ······ 101

Ⅰ. 근로시간 101
Ⅱ. 임 금 106

제 8 장 안 전 ······ 109

Ⅰ. 신체적, 정신적 안전 109
Ⅱ. 경제적 안전 112

색 인 ······ 119

[일러두기]

1. 이 번역본은 프랑스 PUF 출판사의 Que sais-je? 시리즈 중의 하나인 알랭 쉬피오Alain Supiot 교수의 『노동법』 제 4 판(2009)을 원본으로 삼았다(2004년에 제 1 판이 나왔다).

2. 이 번역본에서 작은 따옴표로 표시된 부분은 원문에서 이탤릭 체로 강조한 부분이다. 괄호 속에 강조된 원문을 병기한다.

3. 이 번역본에서 큰 따옴표를 친 부분은 원문에서 « » 기호로 묶인 부분이다. 괄호 속에 원문을 병기한다. 프랑스어 글에서 이 기호는 직접 인용할 때 쓰이기도 하지만 뉘앙스를 다르게 하기 위하여 쓰이기도 한다. 전자는 우리글의 큰 따옴표 용법이고 후자는 우리글의 작은 따옴표 용법이다.

4. 책 이름은 겹낫표로 표시하였다. 괄호 속에 원래의 책 이름을 원문처럼 이탤릭 체로 병기한다.

제 1 장 노동법의 계보학

어떤 인간도 홀로 충분할 수는 없다. 이성에 대한 요구와 노동의 필요는 모든 인간 문명이 기초하고 있는 두 개의 근본 요소이다. 왜냐하면 이 두 개의 요소는 개인들로 하여금 하나의 공통된 법 아래에서 다른 사람들과의 관계 속으로 들어가기를 요구하기 때문이다. 가장 넓은 의미에서 노동은 이러한 인간 활동의 한 부분을 가리키는데, 이것은 놀이와 달리 그 자체로 목적인 것은 아니다. 왜냐하면 노동은 유용한 작업을 하는 것, 즉 인간의 물질적인 욕구와 상징적인 욕구를 만족시키기 위한 재화와 용역을 생산하는 것을 목적으로 하기 때문이다. 이 생산 활동은, 연령과 문명에 따라 정도는 다르지만, 모두 다른 사람의 노동에 의존할 수밖에 없는 인간들 사이의 협력을 상정한다. 노동과 그 과실의 분화는 따라서 인간성 그 자체만큼이나 오래된 문제이다. 성별, 세대별 및 사회집단들 사이의 역할의 분화와 그를 통하여 생산된 부의 분배는 언제 어느 때고 사회의 조직을 위한 결정적인 문제들이었다. 그런 의미에서 노동법은 가장 최초의 인간 사회와 더불어 탄생했다고 말할 수 있다. 그러나 이렇게 말하는 것은 우리가 알고 있는 노동의 근대적 개념에 그것이 갖고 있지 않은 초시간성을 부여하는 것이 될 것이다. 노동이 가해지는 대상이 무엇이든지 간에, 노동을 수행하는 자가 누구이든지 간에, 거래 가능하고 동일한 수준의 화폐로 환산될 수 있는 재산으로 이해되는 추상적 개념으로서의 노동은 경제적 이데올로기의 산물이며 18세기에 그 꽃을 피우게 된다. 물론 노동법은 선사를 갖고 있지만, 노동법의 역사는 자본주의의 역사와 함께한다.

I. 선 사

근대적 개념으로서의 노동은 사실 굉장히 최근의 것이다. 노동의 산물(이 책, 이 책상, 이 컴퓨터)만이 물질적인 것이며, 노동 그 자체는 감각의 영역에 떨어지는 어떤 것이 아니다. 왜냐하면 노동은 노동하는 인격으로부터 분리할 수 없는 것이기 때문이다. 인격과 사물을 분리하는 서양의 사고 속에서 노동은 오랫동안 노동하는 자와 동일시되었다. 예컨대 로마법에서는 근로계약이라는 관념의 흔적을 찾아 볼 수 없다. 노동은 노동을 제공하는 노예와 동일시되었다. 노예는 그 주인의 재산의 일부를 구성하였고 노동은 본질적으로 이 재산의 취득, 판매 또는 임대 작용을 통해서 이해되었다. 최소한 자유로운 근로자의 구속은 노예의 임대 모델 위에서 분석되었다. 왜냐하면 원칙적으로 자유로운 인간은 다른 사람의 계산을 위하여 일하지 않기 때문이다. 자유로운 인간이 교환하는 것은 그 노동의 산물이지 노동이 아니다. 그리고 그럼에도 불구하고 자유로운 인간이 다른 사람을 위하여 노동하는 경우가 생기는 때(예컨대 자신의 주인을 위하여 일하는 도제)에는, 로마법은 노예제에 준하여 해결한다. 즉 이 자유로운 인간이 마치 노예가 있었더라면 그 노예를 임대하는 것(*locat servum*)처럼 자기 자신을 임대하는 것(*locat se*)이라고 말하는 식이다. 이것이 바로 *locatio operarum*으로서 노무임대차(근로계약의 선조)의 기원이며, 노무임대차는 프랑스 민법전에 이르기까지 법률가들에 의하여 사물임대차의 하나로 간주되었다.

반대로 중세 시대와 함께 노동은 본질적으로 인격을 통하여 이해된다. 물론 노예제는 땅을 경작하는 자를 그 땅에 결합시키는 농노제의 형태로 살아 남는다. 그러나 이것은 모든 인간에게서 신의 형상을 닮은 하나의 인격을 보도록 하는 기독교주의에 의하여 완화된 것이다. 그리고 무엇보다도 중세는 봉신제를 통하여 로마법에서는 생각하기 어려웠던 법적 형상을 떠오르게 하였다. 그것은 자유롭게 합의한 종속 관계라는 법적 형상이다. 중세 제도 속에서는 모든 자유로운 인간은 종속 관계의 망 속에 위치하였고, 이 망 속에서는 자신에게 충성스럽게 봉사하는 자를 보호해야 하였다. 사물에 대한 인간의 관계, 예컨대 봉토의 소지는 언제나 인간들 사이의 어떤 관계의 표현이었다. 각자는 다른 사람들로부터 사물에 대하여 가지는 권리를 취할 수 있었으며 그에 상응하는 의무를 돌려 주어야 하였다.

이러한 사상 체계 속에서는 노동하는 자의 인격으로부터 분리할 수 있고 그 활동의 특수한 성질에 무관한, 교환 가능한 대상을 가리키는 추상적 노동의 개념이 들어설 자리가 없다. 산업혁명 때까지의 언어는 노동과 작업의 한없는 차이점을 하나의 말로 혼동하지 않았다. 노동은 노동자의 인격 및 그 고유한 자격과 동일시되었고, 따라서 목수의 일과 의사의 일과 음악가의 일을 하나의 보따리 속에 넣으려고 생각할 수 없었다. 각각의 구체적인 과업은 그것을 수행하는 자의 특수한 자격을 표현하는 것이었고 사회 속에서 정의된 위치에 상응하는 것이었다. 요컨대 "노동"(travail. 어원은 *tripalium*. 이는 징을 박기 위해 짐승을 고정시키는 다리 셋 달린 기구였으며 고문 기구를 가리키는 것으로 의미가 확장되었다)이라는 단어는 18세기까지 가장 천한 인간의 활동만을 지칭하였다. 그것은 가축의 노동과 마찬가지로 육체적 힘을 사용할 뿐 특별한 기술의 습득을 내포하지 않은 활동이었다. 반대로 어떤 지식이나 특별한 자격을 요구하는 활동을 하는 자는 "노동하지"(travaillait) 않았다. 그는 기계에 관한 기술이든, 자유직에 관한 것이든, 예술에 관한 것이든, 그 기술에 관한 규칙들을 준수하면서 "작업을 하였다"(oeuvrait). 이러한 각각의 기술은 고유한 이름과 동업적 규칙, 즉 기술에 관한 규칙과 법적 규칙을 갖고 있었으며, 이러한 기술을 수행한다는 것은 이 기술을 습득한 자의 정체성을 구성하는 것이었다. 이러한 관점에서는 다른 사람을 위하여 일하는 것은 노동이라고 불리우는 만져지지 않는 대상을 일정액의 돈을 받고 교환하는 것이 아니라, 자신의 지식과 고유한 자격을 각 직업의 내부적 조직과 도시와의 관계를 규율하는 동업적 법질서 속에 놓는 것이었다.

오늘날에도 여전히 자유 직업 또는 공무 속에서, 비록 매우 황폐화되기는 하였지만, 비상업적 노동 개념의 자취를 발견할 수 있다. 의사나 변호사는 원칙적으로 각자의 이익이 합치된 바에 따라서 가장 많은 비용을 지불하는 자에게 자신의 서비스를 판매하는 자유 상인이 아니다. 의사와 변호사의 노동은 일종의 동업적 질서에 포섭되며, 이 동업적 질서는 그 직업에 접근하기 위한 조건을 규율하고 특수한 윤리적 의무를 부과하며 고유한 사법 조직을 소유하는 등의 특성을 갖는다. 의사나 변호사가 제공하는 서비스는 그 인격의 질에 달려 있으며 그 서비스를 향유하는 자는 가격이나 임금을 지불하는 것이 아니라, 원칙적으로 평가할 수 없는 선행을 인정한다는 뜻을 드러내는 '사례금'(*honoraires*)을 지급할 뿐이다. 마찬가지로 판사나 공무원은 자신들의 서비스를 임대하는 것이 아니다. 왜냐하면 그들은 공익의 담당자이기 때문이다. 그들이 국가로부터 받는 돈은 임금이 아니라 '보수'(traitement), 곧 구체제하에서 이들의 '직무'(*officium*)에 관련되어 있는 '혜택'(*beneficium*)이라고 불렀던 것이다. 이 보수는 사실 계약에 따라서 제공된 노동의 대가가 아니라 각 공무 담당자를 국가와 결합시키는 신분적 관계의 구성물이며 국가로 하여금 국가에 봉사하는 자를 그 지위와 자격에 따라 합당하게 대우하도록 한다. 이러한 설명에는 자취만이 남아 있다. 왜냐하면 임노동 모델은 법적으로 임노동이 아닌 다른 형태의 노동에 대해서도 그 영향력을 끊임없이 확대하고 있기 때문이다. 그러나 공무원들은 그 신분의 특수성에 따른다고 한다든지 의사들은 자유로운 직업 수행 원칙에 따른다고 한다든지(이는 의사의 건강보험에 대한 경제적 종속을 은폐하는 것이다) 하는 사정이 보여주는 것처럼 그 자취는 끈질긴 것이다.

Ⅱ. 역 사

인간 노동의 다양성이 하나의 단일한 추상적 범주 속에 자리잡기 시작한 것은 자본주의와 함께이다. 자본주의에서는 각기 용도가 다른 생산물들이 가치의 관점에서 모두 비교 가능한 상품이 되었다. 마찬가지로 각기 요구되는 자질에 따라 구별되던 기술과 직업은 측정과 교환에 고유한 추상적 노동이라는 단일한 개념으로 흡수되었다. 상품의 경우와 마찬가지로 노동의 경우에서도 이러한 추상화 경향은 시장경제를 특징짓는 요소이면서 인간과 사물의 다양함을 언제나 숫자로 축소시키는 계량화 요구에 화답하는 것이었다. 노동을 계량화할 수 있고 교환할 수 있는 재화로 간주하는 것은 허구이다. 왜냐하면 토지나 화폐와 마찬가지로 노동은 경제 활동의 산물이 아니라 그것의 조건이기 때문이다. 그러나 그것은 자본주의의 도래를 위해서는 필수적인 허구였다. 부의 생산과 분배를 자유로운 거래 관계 위에 근거짓기 위해서는 노동과 토지와 화폐가 마치 교환 가능한 상품인 것처럼 취급할 수밖에 없다. 이러한 허구는 법에 의해서만 제도화될 수 있었으며, 노동법이 탄생한 것은 바로 이와 같은 연유에서이다.

좁은 의미에서 노동법은 노동과 돈의 교환을 규율하는 법이다. 이러한 의미에서의 노동법은 프랑스에서는 대혁명 그리고 1791년 알라르드Allarde 법과 르 샤플리에Le Chapelier 법의 제정과 함께 탄생하였다. 전자는 "각자는 자유롭게 자신이 좋다고 생각하는 거래를 하거나 직업, 기술 또는 직종을 가진다"라고 규정하였으며, 후자는 "동일한 신분 또는 직업의 시민들로 구성된 모든 동업조직의 소멸"을 선언하였다. 이처럼 동업조직을 백지화한 프랑스 혁명은 노동관계의 계약화로 향한 길을 열었고, 이는 1804년 민법전에 의하여 승인되었다. 노동은 각인의 신분의 일부분이 되기를 그치고 특수한 형태의 임대차, 곧 일의 임대차의 대상이 되었다. 일의 임대차는 "양 당사자 사이에 합의된 가격을 대가로 일방이 타방을 위하여 무엇인가를 하기로 약정하는 계약"(제1710조)으로 정의된다. 이 일의 임대차는 두 가지로 구분된다. 첫째는 제1780조와 제1781조에 의하여 규율되는 '노무의 임대차'(*louage des services*)이고 다른 하나는 제1787조 내지 제1799조에 의하여 규율되는 "견적서에 따라 일을 완성하기로 한 자"의 임대차 혹은 순수한 의미에서의 '일의 임대차'(*louage d'ouvrage*)이다.

이러한 구분은 '노무의 임대차'(*locatio operarum*)와 '일의 완성의 임대차'(*locatio operis faciendi*)를 구분하였던 로마법으로부터 물려받은 것이다. 그러나 이러한 구분은 법조문뿐만 아니라 실제 생활에서도 불명확하다. 현실은 장차 대부분의 노동자들을 노무임대차의 범주가 아니라 순수한 의미에서의 일의 임대차의 범주 속에 분류하게 된다. 19세기 말에 산업노동의 증가에 영향을 받은 법이론이 노동에 대해서 노무임대차와 관련된 두 가지 조문(평생 고용을 금지한 제1780조와 임금의 지급을 둘러싼 다툼의 경우 고용주의 이익으로 문제를 해결하고 있는 제1781조)만을 할당하였던 프랑스 민법전은 노동을 몰랐다고 선언하게 되는 것은 회고적 방법을 통해서이다. 그러나 1804년에는 산업노동은 거의 존재하지 않았으며, 프랑스 혁명의 지평은 소규모 자영업자들로 구성된 민중의 지평이었을 뿐, 자유와 평등의 이상이라는 원칙에 부합하지 않는 종속노동의 지평이 아니었다. 다른 한편, 공장노동은 민법전이 제정되기 전부터 노동자수첩 제도를 창설한 혁명력 11년 제르미날 22일의 샤프탈Chaptal 법에 의한 특별한 규제의 대상이었다. 얼마 후 1806년에 노동법원의 창설은 판사법의 발전을 향한 길을 열었다. 이 판사법은 최근의 역사학 연구들이 보여주는 바에 의하면 매우 풍부한 것이었지만 19세기 말의 법사상에 의하여 억압당하였다. 이제 공장노동은 군대식 종속 모델 위에 그려진 "산업군대"(armée industrielle)를 동원할 것을 요구하였다. 노동법의 초점은 따라서 일의 임대차에서 노무의 임대차로 이동하게 되었으며, 노무의 임대차는 새로운 계약적 형태를 잉태하였는데 그것은 근로계약이라는 개념이다.

산업노동을 규율하는 최초의 규정들은 모든 유럽 국가들에서처럼 공장에서 일하는 아이들을 보호하는 것을 목적으로 하였다. 수많은 조사보고서들, 특히 프랑스에서는 비예르메Villermé나 게팽Guépin 같은 의사들의 보고서는 사망통계표를 통하여 분명하게 산업노동의 순수한 계약적 체제, 특히 위험한 환경 속에서 보잘것없는 임금을 위하여 과도하게 근로시간을 늘이는 것이 건강과 관련하여 얼마나 재앙적 효과를 가져오는지를 보여주었다. 인간 노동에 대한 제한 없는 착취는 국가의 육체적 자원을 위협하는 것으로 귀결되었고 아동의 근로시간 제한(1841년 3월 22일 법)과 여성의 근로시간 제한(1892년 11월 2일 법)을 위하여 입법자의 개입이 정당화되었다. 이 최초의 법률들에서 이미 노동법은 노동시장에서 교환의 단기성을 넘어 인간 삶의 장기성과 세대의 지속을 고려할 것을 요구하였다. 이러한 관심은 산업재해에 관한 1898년의 법률 제정을 정당화시키는데, 이 법은 사용자의 무과실 책임을 인정함으로써 민사책임에 관한 프랑스 법 전체를 전복시키는 진앙이 되었으며 "보험사회"(société assurantielle)라고 부를 수 있는 것의 출생증명서가 되었다. 직업적 위험에 직면한 연대의 사상은 여기서 멈추지 않고 사회보험 제도들을 탄생시키고 사회보장법을 탄생시키면서 계속 자신의 존재를 천명하였다.

프랑스 혁명에 의하여 원칙적으로 제거되었던 집단적 노동관계에 관한 법의 전제들이 확립된 것도 역시 19세기였다. 1864년 공모죄의 폐지는 파업을 더 이상 형사처벌하지 않겠다는 뜻이었고 1884년에 발덱-루소Waldeck-Rousseau 법은 노동조합의 결성과 활동을 법적으로 승인하였으며, 사용자와 그 근로자의 대표 사이에 체결된 단체협약의 법적 승인으로 가는 길을 열었다. 그러나 단체협약에 대한 법적 승인은 1919년 3월 25일 법과 함께 비로소 이루어지는데, 이 법은 단체협약의 규범적 효력을 승인함으로써 단체협약이 그 때까지 헤어나오지 못하고 있던 계약법적 논쟁으로부터 최종적으로 단체협약을 구해 내었다.

형식적인 관점에서는 1910년을 노동법이 하나의 독립된 법 영역으로 승인된 해라고 말할 수 있을 것이다. 왜냐하면 이 해에 노동법전을 제정하는 법이 통과되었기 때문이다. 그러나 민법에 굳건한 법적 기초를 제공한 근본적 법률 행위로서의 나폴레옹 법전과는 달리 노동법전은 프랑스 노동법 역사의 분명한 특징인, 다양한 텍스트들의 퇴적 과정이다. 위대한 법학자들에 의하여 일찍이 개념화된 독일 노동법과 달리 프랑스 노동법은 20세기 내내 정치적·경제적 역관계의 발전에 따라 계속되는 지층에 의하여 건설되었다. 프랑스 노동법은 1936년 파업(마티뇽Matignon 협약)과 인민전선의 집권을 통하여 첫 번째 주목할 만한 발전을 경험하였다. 이 시기에 노동자대표위원(나중에 종업원대표위원으로 됨) 제도가 창설되었고, 단체협약 효력 확장 제도(단체협약을 체결한 사용자 단체의 회원인지 여부를 불문하고 모든 사업에 대해서 협약을 적용하는 제도)가 도입되었으며, 근로시간에 관한 최초의 종합적 입법(주 40시간과 연차유급휴가)이 이루어졌다. 노동법 발전의 두 번째 시기는 역시 노동조합에 매우 유리한 역관계가 형성되었던 해방의 시기이다. 이 시기에 몇몇 경제적 권리와 사회적 권리들이 헌법적으로 승인되었고(파업권, 건강권, 경영참가권, 단결의 자유, 근로권), 사회보장제도가 창설되었으며, 사업 내 종업원 대표 제도(비시Vichy 정권하에서 도입되었던 사회위원회의 유산된 경험에서 영향을 받은 사업위원회 제도의 창설)가 도입되었다. 세 번째 개혁의 시기는 1968년 5월의 총파업 시기로서, 이는 (그르넬Grenelle 협약을 통하여) 사업 내 노동조합 활동의 인정과 1971년의 "단체교섭을 향한 권리"(droit à la négociation collective)의 선언 및 1973년의 최초의 중요한 해고 관련 법의 제정으로 이어진다. 노동법의 네 번째 "전진"(avancée)은 1981년 좌파의 집권에 대응하는데, 이 시기는 근로자에 대한 사용자의 권리를 제한하고 산업과 사업에서 단체교섭을 의무화함으로써 단체교섭의 새로운 발전을 가져온 1982년 오루Auroux 법의 제정으로 특징지워진다.

그러나 1980년대 초의 개혁들은 또한 비정규 고용의 사용을 쉽게 하는 법률들과 함께 이미 1970년대 중반부터 조짐이 드러난 역사적 반전을 확인하였다. 전례 없는 통신 수단의 발달과 결합된 자본과 서비스의 국제적 차원에서의 자유로운 이동의 확대는 사업들을 증가하는 경쟁 속으로 노출시킴과 동시에 세계적인 각축장 위에서 공장을 이전할 수 있는 여지를 제공한다. 이로 인해 정치와 산업과 재정의 위계 질서는 뒤집혔다. 콜베르적 전통 속에서 대기업들을 자신의 정치경제적 도구로 취급하였던 국가는 대기업들이 국가의 관할에서 벗어날 수 있는 가능성이 점점 더 많아짐에 따라 이제 이 대기업들의 도구가 되었다. 사업주들의 수중에 있는 수단에 불과하였던 금융은 사업들을 주주를 위한 "가치생산"(création de valeur)의 도구로 전락시킬 수 있는 무기를 자본의 휘발성 속에서 발견하였다. 그런데 주주를 위한 가치를 단기간 내에 창출할 수 있는 가장 빠른 방법은 근로자의 수를 줄이는 것이다.

노동법에서 이러한 관점의 전복을 연결하는 경칩은 고용법이었다. 20세기 마지막 사반세기 동안 현기증 날 정도로 증가한 실업은

'노동을 향한 법'(droit *au* travail)과 '노동에 관한 법'(droit *du* travail)을 대립시켰으며, "인적 자원"(ressource humaine)의 "유연화"(flexibilisation) 정책을 지향하도록 하였다. 내부적 유연화는 1981년부터 시작된 근로시간의 조정에 관한 규제들의 철폐 그리고 보다 일반적으로는 근로시간과 관련하여 법률보다 불리한 내용으로 단체협약을 체결할 수 있도록 해 준 것과 함께 이루어졌다. 외부적 유연화는 비정규 고용의 광범위한 사용 및 경영상 해고를 쉽게 할 수 있도록 하기 위하여 해고 방안에 국가가 재정을 지원하는 것과 함께 이루어졌다. 여기에 1980년대 초반부터 진행되었던 개혁들의 양면성이 있다. 경영상 해고에 관한 법을 수정하는 것이든, 근로시간의 단축이나 단시간 근로의 사용을 장려함으로써 일자리 나누기를 고취하고자 하는 것이든, 은퇴 연령을 앞당기는 것이든, 근로시간 조정에 관한 법을 수정하는 것이든, 평생직업훈련을 용이하게 하는 것이든, 사업 내 종업원 대표의 정보접근권과 협의권을 개선하는 것이든, 저임금에 대하여 사회보험 납입금을 줄이는 것이든, 이 개혁들은 모두 실업과의 전쟁이라는 정책 아래로 수렴되었다. 이러한 변화는 결코 프랑스의 특수성이 아니며 다른 나라의 노동법에도 마찬가지로 영향을 미치고 있다.

제 2 장 비교법

인간 사회를 국민국가로 조직하는 것은 근대와 함께 발달했으며 19세기부터 보편적인 정치 모델이 된 비교적 최근의 현상이다. 국민국가의 발달은 중세 시민법학자와 교회법학자들에 의하여 로마법이 재발견된 후부터 서양의 법률가 형성을 특징지웠던 '보통법'(*ius commune*) 사상, 곧 문명화된 모든 민중들에게 공통적인 법이라는 사상의 퇴조와 함께 이루어졌다. 이렇게 하여 법은 여러 개의 특화된 영역으로 분화됨과 동시에 점점 하나의 국내적 현상이 되어 갔다. 다양한 법적 영향들에 열려 있었던 소규모 국가들에서는 덜 격화되었던 이 일국법주의는 대규모 국가들의 법문화를 심히 각인시켰고, 이 대규모 국가들은 자신들의 법 속에서 그 주권의 본질적 표현을 보았다.

이러한 일국적 착근은 특히 노동법의 경우에 두드러진다. 로마-교회법의 공통된 유산을 각각의 국내적 법전 편찬으로 끌어들였던 민법과 달리 노동법은 순전히 일국의 범위 안에서 나타났고 발전하였으며, 공법과 함께 각 나라들 사이의 법문화의 차이점을 가장 분명히 드러내 주는 법이다. 하지만 이러한 차이점을 지적하는 것이 각 국가의 노동법을 무시해도 좋다는 생각으로 이어져서는 안 된다. 자본주의의 역동성이라는 동일한 현상에 결부된 각 나라의 노동법은 공통의 영향을 받고 있으며 동시에 서로 영향을 주고 받는다.

I. 차이점

민법의 원리와 구별되는 독자적인 원리에 따르는 독립된 법영역으로서의 노동법을 창조한 것은 확실히 독일이다. 로마법에서 자양분을 섭취한 독일의 법문화는 나폴레옹 법전에 표현된 프랑스의 이성주의와 개인주의에 대한 반발로 19세기부터 꽃을 피웠다. 이성주의에 대한 비판은 사비니Savigny로 대표되는 독일의 역사학파라고 우리가 부르는 것에서 나온다. 역사학파에 따르면 법은 이성의 건축물이 아니라 제 민중 역사의 산물, 그들의 고유한 재능의 표현이다(*Volkgeist*). 개인주의에 대한 비판은 프랑스 혁명이 (특히 동업조직의 소멸을 통하여) 개인과 국가 사이에 구축했다고 주장하는 빈 공간을 비난한다. 이 빈 공간은 개인과 국가 사이의 중개자로서 인간 공동체의 중요성을 무시한다. 의지적이고 자유로운 심의의 결사체인 '사회'(*Gesellschaft*)와 달리 '공동체'(*Gemeinschaft*)는 개인의 의지와 무관한 하나의 사회적 사실이다. 사회는 인간이 만드는 것이지만, 공동체는 인간이 소속되는 것이다. 이러한 구별은 독일 법률가들로 하여금 개인들 사이의 관계를 규율하는 사법과 국가의 운영을 규율하는 공법 및 공동체의 삶을 규율하는 사회법의 존재를 주장하도록 하였다. 특히 기르케Gierke의 기념비적인 작업에 의하여 방어된 이러한 관점은 지극히 당연히 직업적 공동체에 관한 법으로서의 '노동법'(*Arbeitsrecht*)에 일정한 위치를 부여하는 것으로 나아갔다. 일찍 이론화된(특히 20세기 초 휴고 진쯔하이

머Hugo Sinzheimer의 작업 속에서) 이러한 공동체적 관점은 독일 노동법 모델의 특징을 이룬다. 이 독일 모델은 그 기원부터 오늘날에 이르기까지 정치적 변동에 따라 권위주의적 버전과 민주주의적 버전 사이를 왔다갔다 하였다. 제 2 제정하에서 권위주의적이고 가부장적인 성격을 띠었던 노동법은 바이마르 공화국하에서 단결의 자유와 파업권을 인정하면서 민주화되었고, 제 3 공화국하에서 급격하게 권위주의적 버전으로 기울었다가(*Fuhrerprinzip*의 사업에의 적용) 2차 대전이 끝나면서 다시 민주화되었다(특히 대기업에서 *Mitbestimmung*, 곧 공동결정 제도의 도입과 함께). 이러한 진자운동은 확실히 주목할 만한 것이지만, 노동법은 언제나 직업 공동체에 관한 법으로 이해되었다(사업, 노동조합, 산업). 국가의 역할은 이 공동체들이 스스로 자신들의 일을 처리하기 위하여 필요한 제도적 틀을 마련하는 것이었으며 결코 공동체 대신에 무언가를 결정하는 데 있지 않았다. 2차 대전 후 민주주의적 버전 속에서 이러한 공동체의 운영은 공동운영이었으며, 이는 대기업의 경영 속에서뿐만 아니라(대기업의 경영진인 *Vorstand*는 노동 측의 대표와 자본 측의 대표가 동수로 구성되는 감사위원회인 *Aufsichtrat* 앞에서 책임을 짐) 공동의 이익에 관한 문제들을 단체교섭에 의하여 푸는 문화에 의하여 규율되는 산업의 경영 속에서도 표현된다.

산업자본주의의 탄생지인 영국은 동시에 아동의 근로시간을 규율하기 시작한 최초의 국가였다. 그러나 영국은 일찍이 입법적 개입주의에서 등을 돌려 독특한 '단체교섭'(*collective bargaining*) 시스템을 정착시켰다. 아주 초기부터 영국 노동조합의 목적은 '커먼로'(*common law*. 입법자가 아니라 판사로부터 나오는 영국의 보통법)의 관점에서 볼 때 아무런 법적 효력이 없는 사용자와의 합의를 판사들이 달리 규정하지 못하도록 하는 것이었다. 이를 위하여 노동조합들은 의회 내 정치적 연결고리로부터 노동관계에 개입하기를 기대한 것이 아니라 반대로 조합활동에 대한 법적 면책을 창설하면서 판사가 개입하지 못하도록 금지하기를 기대하였다. 이처럼 노동관계는 법에서 비껴나 '산업관계'(*industrial relations*)로서 발전되었다. '노동법'(*labour law*)이라는 개념 자체가 최근의 것이다. 왜냐하면 비록 최초의 사회학자들(특히 웹Webb 부부)은 산업관계에 일찍부터 관심을 가졌지만, 영국의 법률가들은 그렇게 할 이유를 거의 갖지 않았기 때문이다. 대학이 아니라 실무가들의 사무실 속에서 형성되는 영국의 법률가들은 대륙식의 제도화를 생래적으로 싫어하였으며 법원의 관할을 벗어난 노동관계를 인식할 기회를 거의 갖지 못하였다. 이런 점에서 영국의 노동법을 최초로 이론화한 학자가 나치를 피해 영국에 망명한 독일 출신의 위대한 법률가 오토 칸 프로인트Otto Kahn-Freund였던 이유를 이해할 수 있다. 영국 노동법의 두 가지 특징적인 요소(입법자의 불간섭주의와 노동시장에서 임금의 교환 조건을 교섭하는 경제적 파워로서의 노동조합의 자발주의)를 최초로 밝혀 낸 것이 바로 프로인트였다. 영국의 노동조합들이 체결하는 합의는 대륙식으로 말하는 단체협약, 곧 강행적 효력과 규범적 효력을 갖는 '계약'(*contracts*)이 아니며, 집행력이 없는 단순한 '집단협정'(*collective agreements*)이다. 따라서 이러한 합의는 법원의 관할에 속하지 않으며, 법원은 그러한 합의의 이행과 관련하여 발생하는 개별적 분쟁을 통해서만 이에 대한 관할을 주장할 수 있을 뿐이다. 그러한 경우 근로계약의 당사자들은 협약에 근거하기를 개별적으로 희망했을 뿐이라고 간주한다. 집단적 규정을 근로계약에 화체된 것으로 간주하는 이런 기술 덕택에 역관계에 의하여 규율되는 경제적 영역인

산업관계의 영역과 계약 관계에 관한 법적 영역이 연결이 된다. 법률에 의하여 보장되는 법적 면책 시스템 위에 구축된 영국의 노동법 모델은 이러한 면책의 밀물과 썰물 시기들 사이의 정치적 교체에 따라 변화를 거듭하였다. 1979년 마가렛 대처Margaret Thatcher의 집권과 함께 시작된 썰물의 시기는 단체교섭에 기초한 산업관계 시스템을 상당한 부분 해체시켰으며, 반대로 이 시기에 앞섰던 노동당 집권의 시기와 유럽공동체 가입은 대륙식 모델에 좀 더 가까운 노동입법의 발달로 이어졌다. 그러나 자신들의 자발주의적 모델에 대한 영국인들의 강한 집착과 노동시장의 규율에 있어서 입법자나 판사의 개입에 대한 영국인들의 불신은 여전히 깊이 박혀 있다. 독일 모델에서 노동관계는 직업적 공동체들의 앙상블로 나타나는데, 영국 모델에서 노동관계는 자율적 규율을 방해해서는 안 되는 하나의 시장을 구성하고 있다. 전자는 사회적 모델이며 후자는 경제적 모델이다.

이러한 비교에 비추어 볼 때 노동법의 '프랑스 모델'(*modèle français*)은 노동관계의 정치적 개념화에 기초하고 있다. 프랑스에서 노동관계는 자연적인 공동체나 자율적 규제가 허용되어야 하는 시장으로서가 아니라 권력의 영역으로 사고되었다. 1789년 혁명은 자유와 평등의 약속을 가져왔지만 그것은 종속과 불평등에 기초한 산업노동의 경험 속에서 배신당하였다. 따라서 주어진 문제는 계약법이 가정하는 당사자들 사이의 평등이 어떻게 노동관계 속에서 구체적으로 실현되게 할 것인지를 탐구하는 것이었다. 사용자와 노동자 사이에 일정 정도의 평등을 재확립하는 것은 우선 공화국의 기초적 원칙들을 수호하는 국가의 일이다. 이것이 프랑스 노동법이 국가의 개입에 의하여 지배되었고 지금도 지배되고 있는 원인이며, 국가의 법령은 임금 교환의 균형을 확립하고자 한다. 특히 '사회적 공서'(*ordre public social*)라는 개념 속에서 표현되는 이러한 개입주의는 그러나 노동법을 공법에 결부시키는 것으로 나아가지는 않는다. 노동관계는 계속해서 사법상의 계약관계로 간주되지만 이 계약에서 "약한 당사자"(partie faible)를 보호하기 위한 공서상의 규칙들이 적용되는 것이다. 프랑스 모델을 가장 잘 규정하는 것은 한편에서의 이러한 시민법적이고 계약적인 기반과 다른 한편에서의 입법적 개입주의의 결합이다. 학설상 논쟁의 대부분은 이 두 가지 측면 가운데 각각에 부여해야 할 상대적 무게에 관한 것이었다. 이러한 사정은 프랑스 노동법이 독일 노동법에 비해 민법에 대응하여 자신의 독자성을 주장하는 데 시일이 더 오래 걸린 이유를 설명해 준다. 노동법에 관심을 가졌던 최초의 법률가들, 예컨대 폴 픽Paul Pic이나 조르쥬 셀Georges Scelle 같은 이는 여전히 노동법을 단순한 "산업입법"(législation industrielle)이나 "육체노동법"(droit ouvrier)으로 인식하였다. 그리고 이른바 낭시학파의 젊은 교수들(P.-H. Teitgen, Paul Durant, H. de Menthon)은 1938년에 최초의 전문학술지(*Droit social*)를 창간하면서 자신들의 계획이 모든 대규모 출판사들로부터 거부당하는 것을 지켜보아야 하였다. 폴 뒤랑이 쓴 최초의 『노동법총서』(*Traité de droit du travail*)는 1947년에야 비로소 나왔다. 고위 공직과정이나 상업 그랑제콜에서의 법학 교육에서는 노동법이 중심적인 위치를 차지하고 있음에도, 오늘날에도 여전히 사회법(노동법과 사회보장법)은 법과대학에서 부차적인 분야로 간주된다. 사회법을 개인들을 규율하는 사법과 국가를 규율하는 공법 사이의 매개자로서 제 3 의 법질서로 여겨 온 독일과 달리 프랑스 법은 사법과 공법의 이분법에 의하여 지배되고 있다. 이러한 논쟁은 단지 역사적인 것만은 아니며,

프랑스에서 실정법의 역사는 노동관계를 그 가장 세세한 부분까지 지도하려는 국가의 개입주의에 의하여 노동법이 지배되던 시기와 계약적 자유 및 자유방임이라는 반대의 이론이 우세하던 국가의 후퇴 시기 사이의 진자운동의 역사이다. 전후 특히 피에르 라로크Pierre Laroque에 의하여 지지된 계획들, 곧 제3의 사회법원을 창설하거나 사회적 민주주의를 기초하려는 계획들은 이러한 정치적 관점 앞에서 언제나 실패하였으며, 정치적 관점은 국가의 권력이 되었든 사용자의 권력이 되었든 노동관계를 언제나 하나의 권력과 관련시킨다.

독일 노동법, 영국 노동법 그리고 프랑스 노동법에 관한 이러한 유형학은 물론 각 사회에 따른 노동법의 다양성을 완전히 해명해 주지는 않지만, 각 노동법을 자리매김하고 모델과 실제의 운용 사이에 언제나 존재하는 간격을 측정할 수 있게 해 준다. 영국에서 우세한 경제적 모델은 미국에서도 마찬가지로 우세한데, 미국의 노동법도 역시 노동시장에 대한 합의적 규율을 지향하는 노동조합에 대한 면책 시스템으로 구축되었다. 그러나 미국의 노동법은 하나의 독특한 형태를 취하는데, 왜냐하면 입법자는 연방노동관계법(*National Labor Relations Act*: NLRA. 1935년 와그너Wagner 법에 의하여 제정되었으며 2차 대전 후에 태프트-하틀리Taft-Hartley 법과 랜드럼-그리핀Landrum-Griffin 법에 의하여 개정됨)을 통하여 과반수 노동조합과 사업별 교섭을 의무적으로 하도록 하는 시스템의 기초를 놓았기 때문이다. 이러한 법적 기초는 영국의 '단체협약'(*collective agreement*)에는 없는 법적 효력을 단체교섭 시스템에 부과하였다. 그러나 이러한 법적 기초는 노동조합이 사업 내에 조직되기에 이르고 사용자에 의하여 승인되기에 이르는 것을 전제로 한다. 왜냐하면 사업 내에 법적으로 성립된 노동조합 대표가 없으면 노동법은 근로자의 측면에서 본다면 자신들의 개별적 계약상의 규정들로 축소되기 때문이다. 그런데 사업별 협약 시스템에 의하여 포괄되는 근로자의 수는 20년 전부터 추락하였으며, 오늘날 90퍼센트 이상의 근로자들을 아무런 법적 보호가 없는 상태로 방치하고 있다. 이러한 공백을 메우기 위하여 판사에게 의뢰하게 되며, 판례는 미국 노동법의 중요한 법원이 되고 있다.

Ⅱ. 영 향

각 국가의 노동법 모델은 자기 자신에게 닫혀 있는 것이 아니다. 이들은 상호 간에 영향을 끊임없이 주고 받으며 이들은 모두 공통의 영향에 구속된다.

한 나라의 노동법이 다른 나라에 미치는 영향은 다양한 방식으로 이루어질 수 있다. 이는 미국에 패배한 일본의 경우가 보여주는 것처럼 정치적 지배의 결과로 나올 수 있다. 명시적으로 영감을 받은 제국주의 독일의 경우처럼 제국주의 일본은 노동관계의 공동체적 관점을 우세한 것으로 만들었다. 노동법은 봉건적 문화를 사업 내에 이식함으로써 근로자들을 사용자에 대한 인적 충성 관계에 위치시켰다. 1945년 이후 미국은 일본을 미국의 모습대로 민주화할 것을 강요하였으며, 노동법은 연방노동관계법을 모방하여 개혁되었다. 그러나 일견 유사해 보이는 법제도 뒤에서 일본은 자신의 공동체주의적 모델을 근대화할 줄 알았으며, 근대화된 공동체주의 모델은 1980년대에 거꾸로 모든 서양의 모델들에 영향을 미쳤다(예컨대, 프랑스에서 근로자의 표현권, 곧 일본식 린생산 방식의 무모한 이식. L. 2281-1조 이하를 보라.). 노동조합들은 미국의 노동조합과는 아주 다른 방식으로 대기업에서 법률에 의하여 부여된 특권들을 향유하였다. 왜냐하면 일본의 노동조합은 미국식 경제 모델과 달리 노동시장에서의 교섭력으로 간주되지 않았으며, 오히려 노동공동체의 책임있는 구성원으로 간주되었기 때문이다. 일본의 공동체주의 모델은 이처럼 독특한 방식으로 민주화되었으며 평생고용과 연공급과 같은 규칙들을 만들어 내었는데, 이는 미국식 모델과는 대척점에 서 있는 것이다. 미국 모델의 영향력은 노동관계를 일정 정도 민주화시켰다는 점에서는 실제적인 것이었지만, 일본 모델의 공동체주의 구조를 다치게 하지는 못하였다.

한 나라의 노동법이 다른 나라에 미치는 영향은 서로 인정하고 존중하는 이웃 나라들 사이에서는 정치적 지배와 상관없이 일어날 수 있다. 에스파니아가 프랑코주의의 유산인 코포라티즘 모델을 청산하고 민주주의적 노동법을 만들려고 할 때, 유럽에서 노동법의 일관된 개혁과 관련하여 가장 최근의 그리고 가장 풍부한 경험을 구축한 이탈리아 '노동법'(*Statuto del lavoro*)에서 많은 것을 차용하였다. 상호 작용은 끊임없이 각국의 법문화로부터 자양분을 섭취하고 반대로 각국에 영향력을 행사하는 유럽공동체 사회법 속에서 하나의 원칙으로 승격된다. 예컨대 오늘날 유럽사회법에서 단체교섭에 부여되고 있는 중심적 위치는 확실히 영국이 기원이지만, 유럽 차원에서 체결된 협약은 영국 고유의 '단체교섭'(*collective bargaining*) 문화에 반하여 영국에 대해서도 강제되는 법적 효력을 갖는다는 점에서 대륙적 모습을 취하였다.

마지막으로 모든 국가적 모델은 '공통의 영향력'(*influences com-*

munes)에 구속된다. 왜냐하면 이들은 모두 자본주의의 역동성이라는 동일한 현상 속에 놓여 있기 때문이다. 각각의 차이점을 넘어, 이들은 모두 근로계약 속에 임금 교환의 비재산적 차원을 고려하는 근로자성의 지위를 삽입하였다. 이는 다양한 기술들에 의하여 실행되었지만(단체협약 규정의 화체, 사회적 공서, 조직된 공동체 속으로의 편입 등), 집단적 관계의 제도화 또는 노동자의 신체적 보호에 관한 조치들과 함께 모든 노동법의 구조적 요소를 형성한다.

과거와 마찬가지로 현재에도 모든 국가의 노동법은 동일한 유형의 문제에 직면하고 있다. 일련의 요소들(경제적, 정치적, 기술적)에 대한 화답의 결과로서 국경의 개방은 사업들로 하여금, 탈일국적 경쟁의 이점들을 높이 평가하는 것에 기초하고 금융에 의한 산업의 도구화로 이르는, 세계화된 경제적 전략을 개발하도록 하고 있다. 세계시장은 이처럼 각국의 노동법에 비용을 절감하라는 압력을 행사하고 있는데, 이는 자본에 대한 노동의 가치절하를 의미한다. 세계시장은 또한 노동의 질 향상에 대한 압력도 행사하는데, 이는 창조성과 재활동성에 대한 점증하는 요구에 화답하는 것이어야 한다. 이러한 경향은 모든 국내 노동법을 뒤흔들고 있지만, 각각은 그 고유한 재능 속에서 영감을 끌어 내며 각자의 방식으로 이에 대처하고 있으며, 각국의 노동법이 단일한 모델 속에서 기초되어야 할 것이라고 생각하는 것은 착각일 것이다.

제 3 장 근로계약의 제도화

타인을 위하여 일할 법적 의무는 반드시 계약에서만 도출되는 것은 아니다. 그것은 부부 사이의 원조와 조력 의무 또는 자식에 대한 양육과 교육 의무와 같이 가족적 신분에서 도출될 수도 있다. 그것은 또한 공무원의 의무와 같이 직업적 신분에서 도출될 수도 있다. 그러나 어떤 경우든지 노동관계는 그것이 그 구속력을 보장하는 국가의 보호하에서 제도화될 때 그리고 오로지 그럴 때만이 법적 구속력을 갖는다. 이는 모든 계약에 적용된다. 왜냐하면 법률이 특별히 규정하지 않은 계약도 *pacta sunt servanda*라는 법적 규칙(주어진 말에 구속력을 부여하는: 민법전 제1134조)과 판사의 해석 권한에 종속되기 때문이다. 근로계약도 이러한 규칙에서 벗어나지 않으며 이를 규율하는 법이 없이는 그리고 이를 관할하는 판사가 없이는 존재할 수 없을 것이다.

그러나 모든 종류의 계약에 공통적인 이러한 국가의 두 가지 측면에 더하여 근로계약의 목적의 특수한 성질에서 비롯되는 또 다른 측면이 있다. 근로계약은 의무를 부담하는 근로자와 이 근로자가 부담하는 의무의 목적인 노동의 분리가 가능하다는 허구에 근거하고 있다. 이 허구는 노동의 계약적 양도 조건이며 근로자를 동시에 계약의 주체이자 목적으로 취급할 수 있도록 한다. 그러나 이 허구는 근로자의 신체를 재화, 즉 교환 가능한 사물의 범주 속에 놓는데, 우리의 법은 근로자의 신체를 사물로 취급하는 것을 금지하고 있다. 오늘날에도 여전히 많은 법률가들은 근로계약을 통하여 근로자가 자신의 신체를 재산적 관계 속에 투입시킨다는 점을 인정하기 싫어한다. 그러나 어디에서든지 노동법의 초석을 구성하고 일반 계약법에 대해서 노동법의 독자성의 이유를 구성하는 것은 이러한 신체적 구속의 명확함과 그것이 내포하는 위험들이다. 재화의 교환에 있어서 단기간에 발생하는 일들만을 규율하는 것으로는 충분하지 않고 이러한 교환 속에 참여한 자의 삶이라는 장기간을 고려해야만 한다. 모든 계약처럼 근로계약도 당사자들 사이의 교환을 법의 보호 아래 위치시키고 판사의 권위 아래에 복종시킨다. 그러나 무엇보다도 근로계약은 사회보험을 국가의 새롭고 독특한 측면으로 만들어 내면서 이 교환을 근로자에게 초래될 수 있는 위험에 맞선 연대 시스템 속에 포함시킨다.

I. 법

민주주의 체제에서 법은 그 선출된 대표들을 통하여 표현되는 국민의 주권적 의사의 표현이다. 그러나 그 기원에서부터 통상적인 법은 다른 모든 법을 근거짓는 특별한 법인 헌법과 구별해야 하였다. 그리고 시간이 흐름에 따라 법은 끊임없이 다양한 모습으로 분열되었으며, 이들은 노동법의 복잡한 원천이다. 예컨대 프랑스가 비준한 국제조약 및 프랑스가 적용하거나 도입해야 하는 유럽연합 규칙이나 지침도 법으로서의 효력을 갖는다. 국내적 차원에서는 제 5 공화국 헌법은 명령의 관할을 확장하면서 법률의 영역을 축소시켰다. 그리고 전산업별 협약은 교섭된 법을 통하여 무시할 수 없는 간접적인 법원이 되었다. 그러므로 엄격한 의미에서의 법(의회에서 제정된 법)은 넓은 의미에서의 법의 일부분에 지나지 않으며, 후자는 다양한 다른 원천들로부터 생성된다.

1. 법의 다양성 — 노동법의 '내부적 법원'(*sources internes*) 가운데 맨 첫 번째는 프랑스를 "단일하고 세속적이고 민주적이며 사회적인" 공화국으로 규정한 1958년 헌법이다. 1958년 헌법은 1789년 인권선언, 1946년 헌법 전문 및 "공화국의 법률에 의하여 인정된 기본 원칙들"과 함께 "헌법블록"(bloc de constitutionnalité)의 가장 중요한 부분이다. 이처럼 헌법적 차원에서 인정된 경제적, 사회적 권리들 가운데 자유주의적 사상에 영향을 받는 1세대 권리들을 구별할 수 있다. 이는 특히 소유권, 영업의 자유 및 노동의 자유를 포함한다. 2세대 권리들은 "사회적"(sociale) 영감을 받은 것들인데, 1946년에 태어났으며 근로의 권리와 의무, 단결의 자유, 파업권 및 근로조건의 집단적 결정과 사업 경영에 참여할 근로자의 권리를 포함한다. 헌법위원회는 입법자가 존중해야 하고 존중하도록 해야 하는 이러한 규칙들과 원칙들을 감시하는 동시에 그 판례를 통하여 이들 상호 간을 조정하기 위하여 노력한다.

헌법(제34조)은 "노동법, 노동조합법 및 사회보장법의 기본 원칙들"을 '법률의 영역'(*domaine de la loi*), 즉 의회에 할당하고 있으며 나머지는 '명령의 영역'(*domaine du règlement*), 즉 최고행정법원(Conseil d'Etat)의 심의를 거치는 시행령의 관할로 할당하고 있다. 이 모두는 법령의 세부사항을 정하는 것을 목적으로 하는 시행규칙으로 보충된다. 이 규정들의 핵심은 『노동법전』(*Code du travail*)에 수록되는데, 노동법전의 체계와 조문 번호는 2008년에 완전히 바뀌었다. 노동법전의 첫 번째 편은 법률 규정이다(L.이 붙은 조문들). 두 번째 편은 명령 규정으로서 첫 번째 편과 동일한 체계를 따르며 최고행정법원의 심의를 거친 시행령(R.이 붙은 조문들)과 단순 시행규칙(D.가 붙은 조문들)으로 구성된다. 따라서 특정한 문제와 관련된 규정들의 전체적인 내용을 파악하기 위해서는 이 두 부분을 순차적으로 살펴보아야 한다(예컨대, 최저임금과 관련하여 L. 3231-1조와 R. 3231-1조 이하). 노동관계에 적용되는 규정들 가운데 상당히 많은 부분들이 노동법전에 수록되어 있지 않은데, 이는 주로 다른 법전(민법전 또는 교육법전)에 수록되어 있거나 한시적으로 적용되는 규정(고용 촉진을 위한 일시적 공적 지원 제도 등)들인 경우가 많다. 시중에서 판매되는 노동법전들은 이렇게 편재되지 아니한 규정들을 상당히 풍부하게 부록으로 싣고 있다. 이 전체는 헌법위원회가 입법자에게 요구하는 "법의 명확성 원칙"과 "법에 대한 접근 가능성 및 이해 가능성이라는 헌법적 가치를 갖는 목적"에 부응하기 위한 것으로 간주된다. 법학에서 종종 일어나는 일인데, 이러한 원칙의 발견은 반대 사실의 확인, 즉 항상 지나치게 많고 지나치게 부정확하게 작성된 규정들의 모호함에서 비롯된다.

법의 배타적 왕국은 구체제하에서 노동관계를 규율하였던 동업법을 사라지게 한 것으로 여겨진다. 프랑스 혁명으로부터 물려받은 원칙에 따르면 입법권은 국민에게 속하며 "인민의 일부"에 의하여 행사되거나 이에 위임할 수 없는 것이다. '직업적 법원(法源)'(*sources professionnelles*: 노사에 의하여 만들어진 법—옮긴이)이 우리 법질서 내에서 자리를 잡게 된 것은 다른 기초 위에서였다. 그것은 근로조건의 집단적 결정에 참여할 근로자의 권리와 그로부터 비롯되는 단체교섭권이다(헌법위원회 1989. 7. 25. 및 1993. 12. 16.). 다른 많은 유럽의 국가들과 달리 프랑스에서는 큰 사회 문제와 관련된 일반적인 규칙들을 마련하는 전산업협약(ANI)이 관행으로 발달되어 왔다. 1958년에 실업보험 제도가 마련된 것이 바로 그러하다. 이 때부터 다양한 분야에서 좀 더 소규모의 많은 협약이 체결되었다(노후연금, 월급제, 직업훈련, 근로시간 단축, 해고, 단체교섭 등). 이 협약들은 이른바 교섭된 법이라는 관행에 따라 입법적 개혁을 준비하거나 동반한다. 이 관행은 2008년 1월 21일 법에 의하여 승인되었는데(노동법전 L. 1조 이하), 이 법은 정부가 노동법을 개정하고자 할 때 노사의 사전 교섭을 거치도록 의무화하고 있으며, 노사는 입법의 내용에 관하여 교섭할 수 있도록 하고 있다.

이러한 국내 시스템에 국제노동법 법원이 추가된다. 국제 협약과 조약은 원칙적으로 국내 법률보다 상위의 효력을 갖는다. 여기에는 무엇보다도 국제노동기구(OIT)의 협약들이 해당되는데, 국제노동기구의 협약들은 국제노동법의 핵심적인 법원을 구성하지만 그 협약들을 비준하기를 원하는 국가들에서만 적용된다. 다음으로는 유럽연합의 조약들이 해당되는데, 이는 유럽 공동체의 법질서를 정초하며 그 규정들은 국내법질서에 적용되거나(règlements) 이식되어야(directives) 한다. 마지막으로 유럽위원회(Conseil de l'Europe)의 인권협약(Convention de sauvegarde des droits de l'homme)이 해당되는데, 이 인권협약의 여러 규정들은 노동법과 관련이 있다.

2. 법의 효력 — 일반적으로 특별한 합의에 의하여 반할 수 없는 공서를 정하는 '강행적'(*impératives*) 규정과 반대의 약정이 없는 경우에만 적용되는 '보충적'(*supplétives*) 규정을 구분할 수 있다. 노동법의 대부분 규정은 중간적인 성격의 범주, 즉 '사회적 공서'(*ordre public social*)에 해당한다. 협약은 근로자에게 더욱 유리한 방향으로만 법에 반할 수 있으며(L. 2251-1조) 법은 그러한 의미에서 '최저규범'(*norme minimale*)이 된다. 그러나 일체의 위반을 명시적으로 금지하는 절대적 공서에 속하는 법들이 있다(예컨대 임금을 물가에 연동시키는 것을 금지하는 것). 반면에 오랫동안 노동법은 보충규정을 몰랐다. 따라서 단체협약은 법이 근로자에게 부여한 권리를 향상(유리한 방향으로의*in melius* 법 위반)시킬 수 있을 뿐이었으며 결코 이를 저하(불리한 방향으로의*in pejus* 법 위반)시킬 수 없었다. 노동법을 산업과 사업의 다양성에 적합하도록 만들기 위하여 입법자는 사용자가 일정한 법적 제한에서 벗어나고 대신에 근로자에게 그 반대 급부를 부여하는 방식의 주고받기식 단체교섭을 장려하였다. 1981년에 근로시간의 조정과 관련하여 처음으로 나타나기 시작한 이러한 '불이익변경협약'(*accords dérogatoires*)은 그 후로 점점 더 그 영역을 확장시켜왔다. 이제 법은 단체교섭으로 근로자에게 더 유리한 방향으로만 변경할 수 있는 최저 기준을 설정하는 것이 아니라 반대의 협약이 없는 경우에만 적용되는 '보충규정'(*loi supplétive*)이 되었다. 법의 적용을 단체교섭이라는 필터를 통해 거르고자 하는 의지는 마침내 협약을 통해서만 법이 적용될 수 있는 가능성을 연 '명석규정'(*lois dispositives*)으로 표현된다. 보충규정과 달리 명석규정은 협약이 체결되지 않는 경우에 적용될 수 있는 어떠한 대체 규정도 정하지 않는다. 이러한 메커니즘은 법을 일종의 '촉발규범'

(*norme incitative*)으로 만들며, 그것이 이 메커니즘이 고용정책과 관련하여 광범위하게 사용된 이유이다. 이는 국가로 하여금 노동시장에 개입하는 행위자들의 자유를 존중하면서도 노동시장에 압력을 가할 수 있도록 해 준다.

아동의 근로시간을 제한하는 최초의 법에서부터 문제는 사업 내에서 이 법의 존중을 감독하는 것이었다. 통상적인 계약에서는 각 당사자는 법의 존중을 얻어 내기 위하여 손쉽게 판사에게 기댈 수 있지만, 현실적으로 근로자는 근로계약이 종료된 다음에야 자신의 청구권을 행사할 수 있다. 근로계약이 지속되는 동안 사용자의 앙갚음에 대한 위험 없이 법의 존중을 끌어 내기 위해서 근로자는 단결 활동, 즉 역관계에 기댈 수밖에 없다. 노동법이 보호하고자 하는 근로자가 약자의 위치에 처해있는 만큼 노동법은 덜 적용될 위험에 직면한다. 이것이 노동법의 적용을 감독하는 '근로감독관'(*inspection du travail*) 제도가 생겨난 이유이다. 아동노동에 관한 1841년 법에서 이미 그 징조가 나타나기 시작한 이 근로감독관 제도는 1892년 법에 의하여 정식으로 조직화되었으며 그 후 여러 차례 개정되었다(L. 8112-1조 이하). 근로감독관은 노동관계 법령 및 단체협약의 적용을 감독하는 임무를 맡고 있으며 이를 위하여 사법경찰관에 준하는 권한들을 향유한다. 국제노동기구 제81호 협약에 의하여 보장되는 근로감독관의 신분은 그 고용에 있어서의 안정성과 "정부의 교체 및 일체의 외부의 부당한 영향"에 맞선 독립성이 보장되어야 한다.

Ⅱ. 판 사

법원에 대한 소 제기의 가능성은 법에 대한 준거와 함께 법적 관계의 존재 조건이다. 노동관계도 위력에 의하여 강요되거나 우정에 의한 것이 아닌 경우 이 규칙을 벗어나지 않는다. 그러나 노동관계가 발생시킬 수 있는 분쟁은 여러 가지 독특한 측면을 드러낸다. 첫 번째는 임금 채권의 생활수단성에서 비롯되는데, 이는 소송 해결 절차의 단순함과 신속함을 요구하게 된다. 두 번째는 노동관계의 집단적 차원에서 비롯되는데, 이는 개별적 사례의 해결에 기초하고 있는 사법 문화와는 낯선 것이다. 세 번째는, 존재하는 법의 적용과 관련한 '소송'(*litiges*)과 더불어, 그 변화를 얻어 내기 위한 '쟁의'(*conflits*)의 존재로부터 비롯된다. 이러한 특수성들은 모든 나라에서 노동분쟁에 고유한 규칙들이 존재하는 사실을 설명해 준다. 노동분쟁에 고유한 규칙은 이탈리아처럼 특별한 절차를 마련하는 데 그칠 수도 있고 독일처럼 통상의 사법 또는 행정 법원 조직과 다른 별도의 사회법원을 설치하는 데까지 나아갈 수도 있다. 프랑스에서는 전후 피에르 라로크Pierre Laroque가 주장한 사회법원 설치 프로젝트가 실패한 후 노동분쟁은 다양한 법원들에 분산되고 있다. 그러나 이것이 노동법의 발전에 있어서 판례가 갖는 중요한 역할을 방해하지는 않는다.

1. 소송의 분산 — 공법과 사법이라는 구별을 초월하는 노동법은 취업규칙, 단결권, 고용, 종업원 대표의 선거와 신분, 외국인 근로자 등 다양한 분야에 있어서 행정의 개입을 폭넓게 허용하고 있다. 이러한 분야에 있어서 행정기관(시, 근로감독관, 지방노동관서 등)에 의하여

취해진 결정에 관한 분쟁은 '행정법원'(*juge administratif*)의 관할인데, 행정법원은 월권을 이유로 한 관계인(사용자, 근로자, 노동조합)의 소 제기에 의하거나 사법법원에 의한 사전 이송에 의하여 사건을 관할할 수 있다. 행정법원은 또한 국가에 대한 채무이행소송(예컨대 파업근로자들을 배제하라는 판결을 이행하지 않는 공권력의 부작위의 경우) 또는 공기업 근로자의 신분에 관한 분쟁 또는 비공무원인 공공부문 종사자의 계약과 관련한 분쟁에 대해서도 관할권을 갖는다.

노동법의 규정들은 많은 벌칙 규정들이 부과되어 있다. 이에 대해 유일한 관할권을 갖는 '형사법원'(*juridictions pénales*)은 검찰에 의해서뿐만 아니라 형사 사건의 민사당사자를 구성하는 법 위반의 피해자(근로자, 노동조합)에 의해서도 소 제기가 가능하다. 형사법원은 민사법원에 대하여 선행권을 가지는데, 민사법원은 선고를 유예하면서 형사법원의 선고가 내려질 때까지 기다려야 하고 형사법원에서 결정한 것과 합치해야 한다.

'민사소송'(*contentieux civil*)도 다양한 법원 조직들 사이에 분산된다. 종업원 대표 선거에 관한 분쟁은 소액법원의 관할이다. 집단분쟁 및 근로자 이익 참여에 관한 분쟁은 지방법원의 관할이다. 상사법원은 청산 또는 법정관리 절차의 사회적 결과들에 관하여 관할권을 갖는다. 사회보장법원은 사회보장과 관련한 일반적인 분쟁을 관할한다(예컨대 산재 인정 여부).

'노동법원'(*conseils de prud'hommes*)의 관할은 근로계약에서 비롯되는 개별적 분쟁이라는 특정한 분야에 국한된다. 1806년 제국 시대 때 나타난 선출직 노사 동수 구성의 법원인 노동법원은 19세기에는 판례법을 생산하는 역할을 하였지만 그 이후 그러한 역할을 완전히 상실한다. 노동법원은 경제 활동의 유형에 따라서 특화된 재판부로 조직된다(공업, 상업, 관리직, 농업). 노동법원의 판사는 5년마다 비례대표로 선출되는 비직업적 판사이다. 노동법원 판사의 훈련 비용은 국가가 부담하지만 훈련 자체는 노동조합과 사용자단체가 맡는다. 불랭Boulin 법(1979)은 임금의 보전과 해고로부터의 보호를 통해 노동법원 근로자 판사에 대해서 진정한 신분을 부여한다. 노동법원은 경제 활동 유형(산업, 상업, 관리직, 농업)에 따라 특화된 재판부로 조직된다. 각 재판부는 조정실, 심판실, 가처분실로 구성되며 이 모두는 근로자 판사와 사용자판사 동수로 구성된다. 노동법원의 절차는 단순함과 신속함을 추구한다(구두 변론, 임의적 변호사 선임). 소송은 원칙적으로(예외가 많다) 조정실에서 조정을 구하면서 시작되는데, 조정실은 다양한 임시 조치를 명할 수 있다. 심판실에서 가부 동수일 경우 재결판사가 판결한다. 1심에서 직업판사의 역할을 제한하도록 해 주는 노사동수주의 원칙에 강하게 집착하는 노동조합과 사용자단체는 독일이나 영국에 존재하는 모델을 따라 직업판사에게 일정한 역할을 부여하는 일체의 방식, 이른바 '에슈비나쥐'(*échevinage*. 직업판사와 노사 대표가 함께 판사단을 구성하는 방식)에 반대하였다. 반대로 2심에서 노동 사건을 관할하는 항소법원의 사회부는 직업판사들만이 배석한다. 직업판사의 역할을 제한하고 소송 지연을 위한 항소를 방해하기 위하여 항소를 위한 금액을 끊임없이 올려 왔다(그 금액 이하는 항소가 불가능. D. 1462-3조). 이는 항소법원의 사회적 역할을 경감시켰지만, 파기원(프랑스 대법원—옮긴이) 사회부의 역할을 가중시켰다.

2. 판 례 — 분쟁의 분산은 최고법원 단계에서는 완화된 형태로

나타나고, 노동법에서 판례는 파기원 사회부, 파기원 형사부 및 최고행정법원의 합작품이다. 노동조합의 법률 투쟁이 불러일으킨 판례의 상이함은 몇몇 주제와 관련해서는 노동법 변화의 강력한 동력이 되었다(예컨대 종업원 대표의 신분 또는 좀 더 최근에는 신분적 공기업에 대한 노동법전의 적용과 관련하여). 최고행정법원(특히 파업이나 사업 내 기본권의 보장과 관련하여) 또는 파기원 형사부(예컨대 종업원 대표 기구, 건강 및 안전, 고용의 남용적 외부화에 대한 투쟁과 관련하여)의 역할을 무시할 수는 없지만, 파기원 사회부는 노동법에 있어서 가장 중요한 판례의 원천이다. 불안정하고 부정확하게 작성된 법령의 남발에 직면하여 파기원 사회부는 특히 15년여 전부터 하급심 법원과 관련 당사자들을 위하여 분명한 규칙과 원칙들을 정하려고 애쓰고 있다. 이는 법규정들을 창조적인 해석에 맡기게 되는데, 일부에서는 이를 비난하고 있다. 이렇게 해서 파기원 사회부는 고용의 변화에 근로자를 적응시킬 사용자의 의무 또는 결과 보전 의무 등과 같은 몇몇 사용자의 의무를 "발견"(découvert)하였고, 근로계약 또는 사업관행의 변경에 관한 법제를 완전히 구축하였으며, "동일노동 동일임금"(à travail égal, salaire égal) 원칙을 동일한 성별의 근로자들에게도 확장하였다. 고용과 관련하여 파기원 사회부는 내부적 유연성(근로자의 적응과 이동)을 외부적 유연성보다 우선시한다(해고는 최후 수단일 뿐이다). 많은 학술지들이 추적하고 학자나 실무가들에 의하여 풍부하게 평석되고 있는 파기원 사회부의 판례는 프랑스 노동법의 가장 활기차고 가장 잘 구축된 부분이다.

노동법의 발전은 또한 유럽사법재판소(Cour de justice de la Communauté européenne) 또는 유럽인권재판소(Cour européenne des droits de l'homme)의 판례에서도 비롯된다. 회원국의 의무 불이행에 대한 소송이나 국내 법원의 사전 소송에 의하여 판결을 하게 되는 유럽사법재판소는 회원국의 노동법 발전에 큰 영향력을 행사한다. 로마조약에서 나타나고 과거 자신의 판례에 영향을 미친 "진보 속에서의 평등화"(égalisation dans le progrès) 원칙에서 멀어지고 있는 유럽사법재판소는 얼마 전부터 근로자들에 대한 보호가 가장 덜한 국가들에 설립된 사업들이 "비교우위"를 온전히 활용할 수 있도록 허용해 주기 위하여 애쓴다. 가령 유럽사법재판소는 이 사업들이 자신이 영업을 수행하는 다른 나라들의 단체협약을 존중하지 않아도 된다고 하였으며, 원칙적으로 사업이전에 반대하는 파업을 금지하였으며, 노동조합을 경쟁법에 예속시켰으며, 노동자의 구매력 보호라는 목적과 사회적 평화라는 목적은 서비스의 자유로운 제공에 가하는 침해를 정당화할 수 있는 성질의 공서를 구성하지 않는다고 판결하였다(2007년 Laval 대 Viking 판결, 2008년 Rüffert 대 Grand Duché du Luxembourg 판결). 반대로 유럽인권재판소는 가장 최근의 판례에서 기본적 사회권에 대한 세심한 문지기로 스스로를 천명하였다(2008년 11월 12일 Demir 대 Baykara 판결).

Ⅲ. 사회보장

"인적 자원"(ressources humaines)의 착취를 규율하는 노동법은 장기간에 걸친 이 자원의 훈련, 유지 및 갱신에 의하여 초래되는 문제들을 오랫동안 무시할 수는 없었다. 노동관계가 인적 관계가 아니라 계약 관계로 분석되는 한, 근로자가 사고, 질병, 임신, 출산, 노쇠 또는 실업으로 인하여 일할 수 없게 되는 기간 동안 생존을 보장할 메커니즘이 발명될 수밖에 없었다. 전산업 시대에 있어서 협동조합이나 사용자의 조치들은 근로자 신분의 최초의 조직 형태였는데, 이 근로자 신분은 계약 기간을 넘어서서 존재의 위험을 포괄한다. 다양한 형태의 이러한 경험은 이들 위험에 맞선 근로자와 사용자의 연대라는 사상에 기초하고 있었다. 최초의 사회보험들이 이렇게 해서 근로자의 법의 일부분으로 탄생하였으며, 이후 인구 전체로 확대되었다. 1945년에 불완전하게 실현된 이러한 확대는 사회보장에 고유한 법과 제도들을 탄생시켰다. 그러나 노동법과의 관계는 매우 밀접하게 남아 있었는데, 이는 재정 충당 방식(근로자와 사용자의 납입금에 의한 재정 충당)뿐만 아니라 운영 방식("사회적 민주주의"(démocratie sociale)의 이상에 부응한다고 여겨지고 노동조합을 제도의 공동 운영자로 만드는 3자 운영 방식)을 이유로 해서도 그렇다. 이 관계는 실업보험에 있어서는 더욱 더 밀접한데, 프랑스에서 실업보험은 노사 당사자들만에 의해서 운영되며 넓은 의미의 사회보장에 포함된다.

이렇게 해서 사회보장은 근로계약에 필수적인 제 3 요소가 되었는데, 왜냐하면 모든 근로자와 모든 임금이 사회보장에 구속되기 때문이다. 이와 같이 모든 근로계약의 "국민적 연대"(solidarité nationale. 사회보장법전 L. 111-1조)가 법적 관계 속으로 들어오게 된 것은 핵심적인 것인데, 왜냐하면 이것이 근로자의 고용의 불연속성을 넘어 근로자의 삶의 계속성을 보장해 주기 때문이다.

제 4 장 직업적 자유

"누구나 거래를 할 수 있는 또는 원하는 직업, 기술 또는 직종을 수행할 수 있는" 자유를 선언하면서 알라르드 법(1791)은 노동을 동업조직의 법적, 제도적 틀에서 해방시켰고, 그럼으로써 노동법의 초석을 놓았다. 2000년에 유럽연합 기본권 헌장(제15조)에서 재천명된 직업적 자유는 "시민들이 어떤 법적 제한의 대상도 되지 않는 직업 활동의 수행에 대한 자유로운 접근"(최고행정법원 1963. 6. 22. Rec. 386)을 지칭한다. 직업적 자유는 타인의 노동에 기대거나 자신의 고유한 계산으로 노동하면서 독립된 자격으로 수행될 수도 있으며 타인의 계산을 위하여 노동하면서 종속된 자격으로 수행될 수도 있다. 직업적 자유는 그러므로 두 가지 측면을 갖는다: 영업의 자유(상업 및 산업의 자유)와 노동의 자유. 이 두 가지 측면은 서로 분리될 수 없는 것이다. 왜냐하면 사업주 없이는 근로자가 존재할 수 없으며 근로자 없이는 진정한 사업이 존재할 수 없기 때문이다. 이러한 개별적 자유를 선언하는 것은 르 샤플리에 법으로 "동일한 지위 및 직업을 갖는 시민들"의 여하한 형태의 집단적 조직을 금지한 혁명기의 입법자에게는 필요하고도 충분한 것으로 여겨졌다. 이러한 금지는 약 100년 후에 사용자와 근로자에게 그들의 직업적 이익을 방어하기 위하여 단결할 수 있는 자유, 즉 노동조합을 조직할 자유를 인정한 발덱-루소 법(1884)에 의하여 폐지되었다.

I. 영업의 자유

상업 및 산업의 자유로도 불리우는 영업의 자유는 오늘날 유럽연합 차원에서도 인정된다. 로마조약은 단일시장 내에서 영업의 자유와 자유로운 서비스의 제공을 보장하고 있다.

영업의 자유는 우선 '경제적 활동의 자유'(*liberté d'action économique*)를 의미하여 특정한 활동에의 접근을 제한하는 모든 규정은 원칙적으로 금지된다. 그러므로 근로자는 원칙적으로 자기 자신의 계산을 위한 활동을 위하여 자유롭게 사직할 수 있다. 이전 사용자와 경쟁하는 활동을 수행하기 위한 목적이라도 그렇다. 다른 모든 자유와 마찬가지로 이 영업의 자유도 동일한 가치를 갖는 규칙들과 조화되어야 한다. 그러므로 입법자는 특히 각자의 일자리를 얻을 권리 또는 근로자들의 참여권을 보장하기 위하여 영업의 자유에 일정한 제한을 가할 수 있다. 그러나 헌법위원회는 이러한 제한이 영업의 자유에 대하여 "추구하고자 하는 목적에 비추어 비례하지 않는 침해"를 가하지 않는지 여부를 심사한다. 이에 헌법위원회는 협력자를 선택할 수 있는 사업주의 권리를 인정하거나(1988. 7. 20.) 경영상 해고의 적절성을 판단할 수 있는 사용자의 권리를 박탈하는 법을 위헌으로 판단하였다(2002. 1. 12.). 영업의 자유를 규율하는 규정에서 공익에 속하는 것과 경쟁으로부터 스스로를 보호하고자 하는 사업주의 관심에 속하는 것을 구별하는 것은 언제나 쉬운 것은 아니다. 실제로 많은 자유업들은 예컨대 그 직업을 수행하기 위하여 요구되는 자격증의 배부 조건을 통하여 경쟁의 도입을 제한하는 규제들을 갖추고 있다.

영업의 자유는 다음으로 하고자 하는 사업을 원하는 대로 '조직할 수 있는 자유'(*liberté d'organisation*)를 의미한다. 이러한 조직을 통하여 사업은 제 3 자, 특히 근로자와의 관계에서 사업을 제도화하는 법률적 형태를 갖추게 된다. 독일법의 영향 및 가톨릭 교회의 사회적 독트린의 영향하에서 많은 법률가들은 사업 속에서 자본과 노동을 하나의 공통된 이익, 즉 사업의 이익하에 결합시키는 하나의 제도를 보았다. 이 공동체적 사업론은 프랑스에서는 특히 폴 뒤랑Paul Durand이나 미셸 데스파Michel Despax에 의하여 지지되었는데, 이 이론은 단단한 법적 근거 위에 서 있다. 왜냐하면 법률 자체가 이러한 사업 개념을 준거로 하는 경우가 많기 때문이다. 노동법전은 프랑스 모델에 따라 사업의 정치적 관점을 택하고 있는데, 이는 공적 자유에 대한 준거와 사업주의 경제적 권한이 근로자 대표의 사회적 통제하에서 수행될 것을 상정하는 대의민주주의의 '유사물'(*ersatz*)을 모색하려는 것이다. 사업주들은 항상 노동공동체 조직과 함께 계산하여야 하고 일부에서 소리 높여 꿈꾸는 근로자 없는 사업이란 환상의 영역에 속하는 것이라는 점은 분명하다. 그러나 반대로 사업은 노동관계의 제도적 기초라고 생각하는 것은 착각이다. 사업은 제도가 아니라 영업의 자유의 표현이며, 이것이 법률가들의 모든 노력에도 불구하고 사업이 잡히지 않는 법적 개념으로 머물러 있는 이유이다.

사업주가 상인으로서 스스로 법의 무대에 출현하는 경우에는 상황이 간단하다. 사업주가 그 사업과 합치되고 사업에 법적 형식을 부여하는 상사 회사를 설립하는 경우에도 사업을 파악하는 것은 여전히 쉽다. 이 회사가 자회사를 설립하거나 타인의 재정적 통제하에 있어서 모호하고 유동적인 경계를 갖는 그룹 속에 편입되는 경우에는 사정이 복잡하다. 사업이 하도급이나 대리상의 경우처럼 자본적 관계가 없는 회사들을 묶는 계약적 의존 관계로 나뉠 때에는 더욱 난해하다. 이러한 망적 조직은 중세법의 구조를 연상시키는데 새로운 운송과 통신 수단의 발달 및 세계 무역의 국경선 개방과 함께 빠른 속도로 발전하고 있다. 이는 노동관계에서 사용자 쪽을 희석시키는 효과를 갖는다. 여기서는 누가 사용자인지를 확인하는 것이 어려워지거나 때로는 불가능해진다. 펌(firme)이라는 개념은 이렇게 점점 더 그 어원(*firm*=서명)에서 멀어지고 있으며, 사업을 법적으로 원하는 대로 조직할 수 있는 자유는 사업주가 법인격의 마스크 뒤로 사라지고 그 경제적 활동에 고유한 책임들을 회피하는 수단이 되었다.

이러한 책임의 희석은, 환경법이나 형법에서도 발견되는데, 현대 노동법의 가장 중요한 문제들 중의 하나이다. 노동법은 이에 대해서 사업주가 선택한 회사 형태의 뒤에서 그 사업의 단일성을 파악할 수 있도록 하면서 이 문제에 대답하고자 하였다. 경제적·사회적 단일체를 인정하는 판례 또는 근로자 대표 제도와 관련해서 그룹을 고려하는 법률 등은 이러한 노력의 표현이지만, 두 가지 어려움에 직면한다: 그룹의 국제적 차원(이는 다국적그룹에서 종업원 대표 제도를 설정하기 위한 1994년 9월 22일 유럽 지침과 같은 형식의 초국가적 규범을 필요로 한다) 및 사업망의 확대로, 그 계약적 형태는 법적 이해를 더욱 어렵게 만든다(도급인으로 하여금 수급인의 종업원의 근로조건에 책임을 지도록 강제하는 몇몇 규칙들의 예가 보여주는 것처럼 어렵지만 불가능한 것은 아니다).

Ⅱ. 노동의 자유

노동의 자유는 1864년 법이 공모죄(즉 파업죄)를 폐지하고 "산업 또는 노동의 자유로운 수행에 침해를 가하는 것"을 금지하는 것으로 대체하였을 때, 영업의 자유와 분리되었다. 노동의 자유는 그러므로 우선 모든 개인이 보수를 대가로 자신의 노무를 임대할 수 있는 자유에 대한 일체의 침해에 대한 보호이다. 이 침해는 다른 근로자(예컨대 파업근로자)에 의한 것일 수도 있지만, 행정부(채용을 사전승인제도에 결부시키는 경우), 노동조합(조합원에게만 채용을 한정하는 경우) 또는 사용자(자신의 근로자로 하여금 고용을 바꾸지 못하도록 하는 경우)에 의한 것일 수도 있다.

이 마지막 경우는 근로자에게 강요되는 '경업금지조항'(*clause de non-concurrence*)에 관한 판례의 최근 변화와 함께 가장 주목할 만한 발전을 겪은 것이다. 경업금지조항은 원칙적으로 "직업 활동의 자유로운 수행의 근본 원칙"(파기원 사회부 2002. 7. 10. Salembier 사건)에 반하는 것이다. 이 조항이 적법한 것으로 평가받기 위해선는 네 가지 요건을 충족시켜야 한다. 즉, 사업의 정당한 이익에 의하여 정당화될 것, 시간과 공간적으로 제한적일 것, 근로자가 자신에게 고유한 활동을 통상적으로 수행할 수 있는 가능성을 열어 놓을 것, 그리고 재정적 대상 조치를 포함할 것 등이다.

이러한 의미의 노동의 자유는 형식적 자유이다. 노동의 자유는 모든 시민들이 자신의 노동을 통해서 살아갈 수 있는 가능성을 보장하기 위한 법률들을 통해서만 구체적인 자유가 된다.

근로자의 '직업적 능력'(*capacité professionnelle*)을 지원하고자 하

는 조치들은 무엇보다도 이러한 목적에 화답하는 것이다. 1946년 헌법 전문에 의하여 선언된, 교육과 직업훈련에 대한 아동과 성인의 평등한 접근은 직업훈련에 관한 권리와 직업적 자격 획득에 관한 권리들이 근거하고 있는 원칙이다(L. 6111-1조 이하). 이 권리들의 실현은 공교육 서비스를 통해서 이루어지지만, 청년 근로자들의 경우에는 특별한 유형들의 근로계약(직업훈련과 교육을 병행할 수 있도록 하는 계약들)을 통해서도 이루어진다. 평생직업훈련은 1971년 7월 16일 법과 함께 일종의 "국민적 의무"(obligation nationale)가 되었는데, 이 법은 사업에 의하여 충당되어야 하는 재정 시스템과 개별적 직업훈련권을 창설하였다. 이 시스템은 여러 차례의 개혁에도 불구하고 가장 선택된 근로자들에게 봉사하는 경향을 갖고 있다.

노동의 자유의 실질적인 행사에 대한 법률의 지원은 '고용을 향한 권리'(*droit à l'emploi*)를 선언한 1946년 헌법 전문 속에서도 표현되었다. 이러한 헌법적 근거는 "가능한 한 많은 사람들이 이 권리를 행사할 수 있도록 하기 위하여" 입법자가 개입하는 것을 인정한다(헌법위원회 1983. 5. 28.). 이렇게 하여 누군가(예컨대 퇴직자)의 노동의 자유에 대한 제한은 다른 누군가(실업자)의 노동의 자유의 실질적인 행사를 보장하기 위하여 정당화될 수 있었다. 이러한 '일자리 나누기'(*partage du travail*) 정책은 단시간 근로를 장려하거나 근로시간을 일률적으로 단축하는 것으로 나아갔다. 이것은 노동을 순수하게 양적인 관점에서 바라보는 데에서 기인하는 것으로 흔히 사실에 반할 뿐만 아니라, 희생을 치루는 자는 학력이 낮거나 보수 수준이 낮은 근로자들이다(강요된 파트타임, 임금의 동결).

원칙적으로 '외국인 근로자'(*travailleurs étrangers*)에게는 노동의 자유가 인정되지 않는다. 외국인 근로자가 노동시장에 진입하기 위해서는 사전 승인을 획득해야 하고(고용허가증의 발부), 그 채용은 출입국관리사무소(ANAEM)의 통제를 받는다. 불법체류 외국인의 고용은 형법상 처벌을 받으며 이는 수급업체 사용자의 도급인에게도 확장 적용된다. 이 규칙은 로마조약에 따라 근로자의 자유로운 이동권의 보장을 받는 유럽연합 회원국의 국민에게는 적용되지 않는다. 암스테르담 조약(1997)에 의하여 마련된, 이민 정책의 유럽연합 내로의 이전은 매번 연기되었다. 그러므로 이민 정책은 일국적 차원에 머물러 있으며 의회 다수파와 경제적 상황에 따라 변화한다. 이민 정책은 빈국과 부국 사이에 일정한 협력 정책을 추진하는 대신에 빈국의 "인적 자원"(ressources humaines)을 부국의 수요에 복무시키는 것이다. 이러한 협력은 아무도 자신의 노동의 자유를 행사하기 위하여 망명하도록 강요당하지 않는다는 것을 의미하는 것으로, 국제 통상 규칙들을 자유무역의 교리보다는 사람들의 처지를 개선하는 것에 연동시키는 것을 상정할 것이다. 이는 국제노동기구가 1999년에 채택한 '품위있는 일'(*travail décent*) 목표에 부합하는 것이 될 것이다. 이에 따르면 "모든 여성과 모든 남성은 자유, 안전, 평등 및 존엄의 조건 속에서 온당하고 생산적인 노동에 접근할 수 있어야 한다."

Ⅲ. 단결의 자유

"모든 근로자와 사용자는 사전 승인 없이 그들의 선택으로 조직을 결성할 권리와 그 조직의 규약에 따라 그 조직에 가입할 권리를 갖는다.” 이렇게 국제노동기구 제87호 협약에 의하여 국제적 차원에서 인정되는 단결의 자유는 프랑스에서는 “모든 인간은 조합 활동에 의하여 그들의 권리와 이익을 방어할 수 있으며 그 선택으로 노동조합에 가입할 수 있다”라고 정한 1946년 헌법의 전문과 함께 헌법적 가치를 획득하였다. 이 단결의 자유는 사용자와 근로자에게 공히 보장되는 것이지만, 근로자들이 노출되고 있는 특별한 차별의 위험을 고려하여 근로자들의 단결의 자유는 특별한 보호의 대상이 되고 있다.

단결의 자유는 집단적으로 행사되는 개별적 자유이다. 단결의 자유는 대표되는 직업의 공통된 이익을 방어할 임무를 지는 노동조합 조직으로 결합하는 것을 보장한다. 노동조합의 존재는 오랫동안 노동의 가격에 영향력을 행사하려는 모든 형태의 조직이나 집단 행동을 비난하는 경제적 자유주의 원칙에 반하는 것으로 여겨졌다. 이 금지는 1864년에 제거되었지만, 노동조합의 자유로운 설립이 원칙으로 확립된 것은 1884년의 발덱-루소 법에 이르러서였다. 발덱-루소 법은 프랑스에서 노동조합 운동이 발전할 수 있는 법적 기초를 확립하였다.

1. **조합활동권** — 동업조합과 달리 노동조합은 국가에 대한 독립성이 국제노동법에 의하여 보장되는 순수한 사적 단체이다. 동업조합과 또 다른 점은 노동조합에 가입하는 것이 의무가 아니라 자유라는 것이다. 마지막으로 노동조합은 근로자와 사용자를 동일한 조직 속에 결합하지 않는다. 비록 법은 그러한 형태의 노동조합 조직을 명시적으로 금지하고 있지는 않지만, 그러한 혼합노조는 노동관계 두 당사자의 상호 이익의 구별 위에 터잡고 있는 프랑스 노동관계 시스템에서는 아무런 의미가 없을 것이다. 단결의 자유는 매우 예외적인

경우(군인)를 제외하고 모든 공무원과 공공부문 종사자에게도 확대되었다.

"노동조합은 그 규약에서 정하고 있는 자들의 집단적·개별적, 물질적·정신적 권리와 이익의 연구와 방어만을 목적으로 한다"(L. 2131-1조). 이렇게 직업적 목적으로 정의되는 노동조합은 순수한 정치적 또는 상업적 목적을 추구할 수 없다(파기원 사회부 1998. 4. 10. Front national 노동조합 사건). 직업이라는 개념은 동일한 직종, 유사한 직종 또는 관련된 직종의 수행으로 이해될 수 있다. 이러한 법적 기초 위에서 '직종별 노동조합'(*syndicats de métier*. 언론노조 또는 교원노조), '산업별 노동조합'(*syndicats d'industrie*. 동일한 산업에 종사하는 모든 자를 조직하는 화학노조 또는 소매노조) 또는 '사업별 노동조합'(*syndicats d'entreprise*. 사업의 모든 근로자를 조직하는 노동조합 또는 주로 사업 내 특정한 직종의 근로자를 조직하는 노동조합: 에어프랑스의 조종사노조)들이 설립될 수 있다. 사업별 노동조합은, 사업 내 조합대표위원과 혼동되어서는 안 되는데, 몇몇 외국의 시스템에서는 중요한 위치를 차지하고 있다(미국, 일본, 한국). 그러나 프랑스에서는 주변적인 것이다. 프랑스의 노동조합 문화는 공동 이익의 지역적 시야가 아니라 전국적 시야에 기초하고 있으며, 사용자에 대한 종속의 위험(어용노조) 또는 사업별 노동조합이 특히 그 위험에 노출되는 노사협조주의에 비판적이다. 노동조합은 사용자나 취업중인 근로자를 넘어 비취업자(퇴직자 또는 실업자)도 조직할 수 있다. 실업이 하나의 직업이라고 생각하지 않는 한, 실업자들만으로 조직된 노동조합은 불가능하며, 실업자들은 그러나 그들의 이익을 방어하기 위하여 결사를 할 수는 있다.

프랑스에서 노동조합은 완전한 법인격을 갖는다. 이 법인격은 노동조합이 고유의 이익을 운영하고 방어할 수 있도록 해 줄 뿐만 아니라 노동법을 준수하도록 하기 위하여 법원에 소송을 제기할 수 있도록 해 준다. 이 청구권은, 판례의 형성에 중요한 역할을 하는데, 직업의 집단적 이익의 이름으로 행사될 수도 있으며, 법이 허용하는 경우에 한해서 근로자들의 개별적 소송을 대체하여 행사될 수도 있다. '단체소송'(*action collective*)은 직업의 이익에 대한 직·간접적 침해가 인정되는 한 모든 법원(특히 형사법원과 행정법원)에 대해서 행사될 수 있다. '대체소송'(*action de substitution*)은 보복의 두려움으로 인하여 스스로 소송을 제기하는 것을 포기하려는 근로자들을 대신하여 노동조합이 근로자들의 권리를 준수하도록 하기 위하여 소송을 제기하는 것이다. "아무도 대신해서 소송을 제기할 수 없다"라는 원칙에 대한 예외로서 이 대체소송은 법이 열거하고 있는 특별한 경우(차별, 정리해고, 비정규근로, 불법노동, 성희롱 등)에 근로자의 노동조합에 대해서 인정되는 것이다. 이를 위해서는 해당 근로자가 그 사실을 통지받아야 하고 이에 대해서 거부를 하지 않아야 한다. 소송이 성공적으로 제기된 경우 마치 해당 근로자들이 스스로 소송을 제기한 것처럼 모든 일이 진행된다.

개별적 차원에서 단결의 자유는 그 선택으로 노동조합에 가입하거나 가입하지 않을 자유를 말한다. 투표권과 달리 시민권의 부여를 요구하지 않으며, 동업조합과 달리 직업상의 의무도 아닌, 가입은 노동조합 조직의 자유를 기초짓는 자유로운 선택으로부터 나온다. 이 자유로운 선택은 우선 사용자에게 강요된다. 근로자에 대한 모든 형태의 차별은 무효이며(L. 1132-4조) 사용자가 노동조합 가입 여부를 고려하는 것은 단결의 자유에 대한 침해죄를 구성한다(형법전 L. 481-3

조). 하지만 자유로운 선택은 또한 노동조합에 대해서도 강요된다. 노동조합은 채용(*closed shop*)이나 사업 내 고용의 유지(*union shop*)를 조합원에게만 유보하는 합의를 사용자와 할 수 없다.

집단적 차원에서 단결의 자유는 노동조합의 결성과 조직 운영의 자유를 의미한다. 법은 따라서 단일노동조합주의를 강요할 수 없을 것이다(실제로는 법은 복수노동조합주의 나아가 노동조합 분열주의를 선호하였다). 반대로 법은 지역적 차원(지역별 노동조합 연합단체), 직업적 차원(동일한 직업 부문의 노동조합들을 포괄하는 연합단체) 및 전산업 차원(지역별 연합단체와 직업별 연합단체를 포괄하는 총연합단체)에서 노동조합이 조직될 수 있도록 한다. 이 조직의 자유는 '노동조합 민주주의'(*démocratie syndicale*)의 표현이며, 노동조합 민주주의는 정치적 민주주의와 달리 개인들의 대표 위에 근거하는 것이 아니라 그들의 이익의 대표 위에 근거한다. 현실에서는, 비록 특히 파업 시기에 "기층"(base. 조합원 및 지지자)의 의견을 고려해야만 한다 하더라도, 노동조합 관료주의의 폐해는 종종 지나치게 크다. 프랑스 법은 총연합단체들을 복지국가의 운영에 결합시키고(건강보험의 운영, 공무원 인사의 "공동경영"(cogestion), 수많은 협의 기구에의 참여 등) 총연합단체들의 운영비를 폭넓게 지원함으로써 노동조합 권력의 관료주의화에 많은 기여를 하였다. 이러한 경영적 노동조합주의의 무게는 프랑스 노동조합 운동에서 종종 잘 알려지지 않은 측면이다.

2. **노동조합 운동** — 근로자 측이든 사용자 측이든, 프랑스의 노동조합 운동은 언제나 노동관계에 대한 정치적 관점에 의하여 지배되었다.

그 기원에서 '근로자의 노동조합 운동'(*syndicalisme ouvrier*)은 근로자들을 자본가의 권력으로부터 해방시킨다는 약속에 의하여 추동되었다. 이 혁명적 지평은 1895년에 세워진 프랑스노동총연맹(CGT) 구성원들을 결집시킨 것이었다. 그러나 그들은 노동조합 활동에 어떠한 지위를 부여할 것인지를 놓고 분열하였다. 혹자는 노동조합 활동을 정치 활동의 연결고리로 파악하였으며, 혹자는 노동조합 활동을 사회 변혁의 원동력으로 삼고자 하였다. 무정부주의적 노동조합주의로부터 영감을 얻은 후자의 흐름은 1906년에 정치정당에 대한 노동조합의 독립성을 선언한 '아미앵헌장'(*Charte d'Amiens*)을 채택하였다. 제 1 차 세계대전(이 기간 동안 좌파 정당들은 프롤레타리아 국제주의로부터 등을 돌렸다)의 참화와 볼셰비키 혁명(이 혁명은 소비에트연합과 함께 프롤레타리아에게 또 다른 조국애를 부여하였다고 주장한다) 후에, CGT는 다수파인 개혁주의와 공산주의 계열로 분열되었고, 공산주의 계열은 1921년에 CGTU를 결성하면서 분리되어 나왔다. 1936년에 인민전선을 위하여 재결합한 CGT는 1947년에 다시 분열하는데, 소수파로 전락한 개혁주의 세력은 소련과 미국의 냉전의 시작이라는 정치적 맥락 속에서 노동자의 힘(CGT-FO)을 설립한다. 이 분열은 CGT가 프랑스 공산당의 입장에 동조할 수 있는 여건을 조성하였으며, CGT는 오랫동안 공산당의 한 팔을 구성하였다. 공산주의의 정치적·선거적 붕괴는 오늘날 CGT로 하여금 프랑스 사회에서 한 번도 포기된 적이 없는 중요한 역할을 스스로 재정의하려는 쪽으로 끌고 가고 있다.

그 분열에도 불구하고 (노동과 자본의 투쟁은 노동의 해방으로 귀결되어야 한다는) 노동관계의 계급적 분석 위에 기초하고 있는 CGT에 맞서, 바티칸이 선언한 가톨릭 교회의 사회 교리(특히 1891년의 *Rerum*

Novarum), 이른바 계급 협조를 실현하기 위한 기독교 노동조합주의가 발전하였다. 1919년에 설립된 프랑스기독노동자총연맹(CFTC)는 주로 사무직 근로자를 조직하였지만, 특히 강한 가톨릭 전통이 살아있는 지역에서는 육체직 근로자도 조직하였다. CFTC 내에서 종교적 준거와 계급협조주의를 넘어서고자 원한 다수파는 1964년에 프랑스민주노동총연맹(CFDT)를 결성하면서 분리하여 나왔다. 1970년대에 제 3 세계적 경향과 자치주의적 경향을 선포한 후 CFDT는 CGT-FO를 제치고 개혁주의적 노동조합의 선두 자리를 차지하였으며 사용자와 정부의 우선적 교섭 상대방으로 자리잡았다. 그러나 CFDT의 급진적 소수파는 SUD라는 노동조합 네트워크를 설립하면서 분리되어 나왔다. SUD는 경영적 노동조합주의를 반대하고 동업질서적 관행과 여타의 사회운동(실업자운동, 이민자운동, 대안적 세계화 운동 등)에 대한 개방을 혼합하였다.

한편, 프랑스에서 '사용자 단체 운동'(*syndicalisme patronal*)은 두 방향으로 발전하였다. 첫 번째 방향은 콜베르적 전통이 강한 나라에서 프랑스의 사업들을 세계적 경쟁에서 보호하고 가능한 한 국내적 경쟁도 제한하도록 국가에 대해서 압력을 가하는 압력단체를 결성하는 것이었다. 이러한 경제적 목적은 1919년에 CGPF를 결성할 때 중심적인 목적이었다. 그러나 이러한 목적은 오늘날 세계적 차원의 무역 자유화에 노출되는 부문에서는 그 중요성을 상실하였다. 다른 부문에서는 여전히 그러한 목적이 핵심적인데, 예컨대 FNSEA의 활동은 농업사업에 대한 정부 보조금 지급의 유지에 맞춰져 있다. 사용자 단체의 두 번째 방향은 노동조합의 영향력에 맞서는 것이었다. CGPF가 1936년에 사용자총연합(Confédération du *patronat*)으로 조직 명칭을 바꾸고 해방 후 다시 CNPF로 명칭을 바꾼 것이나 같은 시기 중소기업사용자총연합(CGPME)을 설립한 것은 이러한 목적에 호응하는 것이었다. 독일의 사용자와 달리 프랑스의 사용자는 언제나 노동조합과 파트너십을 추구하는 정책 대신 국가에 대해서 영향력을 행사하고자 하는 정책을 선호하였다. 더군다나 프랑스 대기업 경영자들의 다수가 지배층 출신이고 고위 공직자와 사회학적으로나 문화적으로나 대단히 가까운 만큼 사용자단체는 국가에 대한 영향력 행사 정책으로 더욱 더 기울었다. CNPF가 1998년에 프랑스기업운동(MEDEF)으로 개칭한 것은 이러한 정책에서의 전환을 의미하였으며, 프랑스 사용자들이 레이건과 대처에 의하여 미국과 영국에서 시도된 극단적 자유주의 반혁명에 가담한 것을 상징하였다. 그러나 이미 1970년대 중반부터 사용자단체의 사회 정책 속에는 하나의 전환이 이루어졌는데, 그것은 세계적 차원에서 사용자에게 유리하게 조성된 역관계를 활용하여 노동조합의 요구나 정부의 제안에 반응하는 것에 더 이상 만족하지 않고 노동법에 관한 스스로의 관점을 발전시키기 위하여 적극적으로 행위하고자 하는 것이다.

3. **노동조합 문제** — 오늘날 노동조합은 역설적 상황에 직면하고 있다. 한편으로, 노동조합의 역할은 그 어느 때보다도 법적인 차원에서 중요해지고 있다. 노동법의 발전과 적용에 있어서 단체교섭에 부여된 중요한 지위 및 국가가 사회적 문제들을 처리하는 데 있어서 노사정 3자 방식의 발전은 프랑스 노동관계 시스템 속에서 노동조합에 중심적인 지위를 부여한다. 그러나 다른 한편, 노동 현장 속으로 노동조합의 뿌리내림은 그 어느 때보다도 약해지고 있다. 이 약함

은 노동조합뿐만 아니라 사용자단체에도 영향을 미치고 있지만, 좀 더 관심이 집중되는 것은 노동조합의 상황이다. 왜냐하면 이는 집단적 노사관계의 균형에 영향을 미치며 가장 노동조합의 보호를 필요로 할 근로자들을 아무런 보호 없이 방치하기 때문이다. 노동조합의 조직률은 서구의 모든 나라에서 퇴조하고 있지만, 프랑스는 스페인과 함께 이러한 퇴조가 가장 두드러진 나라이다. 90퍼센트 이상의 근로자들이 아무런 노동조합에도 가입하지 않고 있으며, 노동조합 가입은 주로 나이가 많은 근로자나 공공부문의 근로자들만의 일이 되고 있다. 이로부터 노동조합의 재정과 활동이 가입과 조합비에 근거하는 것이 아니라 점점 더 법이 사업 내외에서 노동조합에 부여하고 있는 각종의 특권들에 근거하고 있는 경향, 즉 노동조합의 '제도권화'(*institutionnalisation*) 경향이 비롯된다. 이러한 제도권화에 대한 반작용으로 SUD와 같이 좀 더 전투적이고 다른 사회운동에 대하여 좀 더 개방적인 새로운 조직들이 나타나고 있다. 그러나 이는 노동조합의 분열을 가속화시키고 동업질서적 일탈에 노출되고 있는 것으로 보인다.

이 불확실성의 시대에 두 가지는 분명해 보인다. 첫째는 노동조합 운동이 근거하고 있었던 산업사회의 모델은 서비스 산업의 대두, 무역의 자유, 직업적 자질의 상승과 다양화, 새로운 정보통신 기술의 만연, 삶의 방식의 개인주의화, 실업과 불안정 고용의 고착 및 고용형태의 다양화 등으로 특징되는 현시대를 더 이상 고려하지 못한다는 점이다. 노동관계는 더 이상 동질적이고 정체성이 뚜렷하고 국가의 우산 아래서 순전히 일국적 차원에서 조직된 두 개의 사회 집단을 상정하지 않는다. 두 번째로 분명한 것은 우리의 눈 앞에서 떠오르고 있는 새로운 노동 세상은 과거와 마찬가지로 오늘날에도 근로자들의 직업적 이익을 대변하고 방어할 수 있는 집단적 조직 없이는 지속되지 못할 것이라는 점이다. 왜냐하면 어제와 마찬가지로 오늘도 사회는 먼지 같은 개인들의 덩어리로 축소될 수 없으며, 공동체주의의 다양한 형태들(종교적, 지역적, 성적, 민족적, 동업적 등)이 이미 전통적 대표제도들이 물러난 빈 자리에 번영하고 있기 때문이다. 그러므로 노동조합은 두 개의 암초 사이에서 표류한다. 전통적인 기반(공공부문과 대기업의 정규직 근로자)에 틀어 박혀 동업질서적 퇴화의 위험을 무릅쓰든지, 현대 노동 세상의 다양함(비정규직, 청년 실업자, 여성, 실업자, 이민 2세, 반자영업자 등)에 문호를 열고 노동조합 운동이 이질적 호흡들의 목록으로 희석될 위험을 무릅쓰든지. 노동조합들은 정당이나 언론 버금가는 무관심으로 고통받지만, 통일된 행동을 펼치는 한 노동 사회에 강력한 영향력을 보유한다. 새로운 형태의 경영은 고통과 불평등과 새로운 형태의 긴장을 불러일으키고 있으며, 근로자들의 목소리에 귀기울이도록 만들 수 있는 혁신된 노동조합 운동을 바라는 소리 없는 기다림이 근로자들에게 존재한다.

제 5 장 종 속

프랑스 혁명 이후, 직업상의 자유라는 이름 아래 노동은 근로자와 사용자 사이에서 교환 가능한 대상이 되었다. 이 교환은 임대차에 관한 모델 위에서 고안되었고, 이러한 법적 체계 속에서는 이 교환이 종속이라는 징표 아래 놓여질 것이라고 예상할 만한 것은 아무것도 없었다. 평등과 개인의 자유에 완전히 빠져 있었던 프랑스 혁명가들은 오히려 이 노동의 자유로부터 독립된 노동자들의 도래를 예상하였던 것이다. 그러나 종속은 근로계약의 지표로 자리잡았으며 노동법은 종속 노동에 관한 법으로 자리잡았다.

몇몇 역사가들은 이 특이한 전도를 산업화의 산물로 볼 것을 제안한다. 즉 자본주의 산업은 한 막사 안에서 훈련을 받아야 하는 노동자들의 큰 집단으로 이루어진 공장을 필요로 하기 때문에 법학자들이 급하게 종속을 근로계약의 한 부분으로 만들었다는 것이다. 강자의 필요에 대한 법학자들의 예민함에는 의심할 바가 없고, 산업화로 인해 그 때까지 몰랐던 타입의 종속이 나타났다는 사실에도 의문이 없다. 그러한 타입의 종속이란 바로 채플린Chaplin이 모던타임즈(*Les Temps modernes*)에서 보여 주었고, 테일러Taylor가 "우리는 노동자들에게 생각하라고 요구하지 않으며, 다른 이들은 그것으로 돈을 번다"라고 요약한 것이다. 만약 종속이 산업화 세계의 필요로 인해 발명된 것이라면 산업화의 퇴조와 함께 점점 퇴조하게 될 것이고, 가장 최근의 유행인 인적 자원의 관리와 함께 독립된 노동자들의 도래에 희망을 걸어볼 수 있을 것이다.

그러나 종속이 노동시장의 존속을 위한 구조적 조건이라고, 그리고 만약 종속이 그 표면만 약간 변한다면 시장경제만큼이나 오래 살아남을 수 있을 것이라고 생각할 만한 근거들이 있다. 노동이 계약의 목적이 될 수 있도록 하기 위해서는, 즉 노동이 시장의 상품이 될 수 있도록 하기 위해서는, 노동을 노동자에게서 분리할 수 있는 사물로 허구적으로 다룰 필요가 있다. 이 계약은 임대차계약으로 설명되어지는바, 임차인은 이것에 대한 점유권을 행사할 수 있어야 한다. 이는 임대인이 임차인에게 임대된 물건의 물적 권리를 건네준다는, 임대차계약의 자연스러운 성질이다. 노예노동은 이런 문제를 야기하지 않았는데, 그것은 임차인이 실제로 자신이 임차한 노예의 점유권을 가져갔기 때문이다. 그러나 자유로운 노동이라는 원칙하에서 이러한 물적 양도는 불가능하고, 사용자의 의사에 대한 임금 노동자의 종속은 사용자가 계약을 통하여 그 향유권을 취득한 노동력에 대한 직접적 점유를 가능하게 하기 위하여 이 불가능을 바꾼 것이다. 한 저자의 말에서도 알 수 있듯이 "종속은 비점유의 대체물인 것 같다." 근로자는 근로계약을 통해 계약의 이행에서 그가 갖는 자유에 대한 점유를 상실한다. 19세기 말의 (샤틀랭Chatelain 같은) 몇몇 법학자들은 근로계약을 노동의 결과를 매매하기로 하는 합의로 고안함으로써 이 결과를 피하려 했다. 그러나 이러한 노력은 수포로 돌아갔는데, 계약의 이행 전체에서 노동의 결과물은 사용자의 소유로 남아 있어 교환과는 전혀 관련 없는 것이 되기 때문이다.

이렇게 종속에 의하여 특징지워지는 근로계약은 계약적 자유와 평등의 원칙 속에 종속과 위계라는 대립되는 원칙을 포괄한다. 그러나 그 적용에 있어, 노동법이 계약의 이행에 필요한 사용자의 권한을 제한하기 위하여 적용되는바, 종속은 그 자신 자유와 평등의 가치를 포함하여야만 한다. 근로계약의 개념 요소인 종속은 따라서 노동법에 의하여 제한된다.

I. 종속의 지표: 임금노동의 경계

1. 임금노동자란 무엇인가? — 정원사가 일하는 것을 살펴보자. 그 일 자체로 우리는 정원사의 법적인 지위가 무엇인지 알 수 없다. 정원사는 지방자치단체에 고용된 자일 수도 있고, 비정규직일 수도 있고, 공무원일 수도 있고, 자신의 일을 수행하는 사업가일 수도 있고, 자신의 땅을 일구는 농부일 수도 있고, 원예사업을 위해 일하는 임금노동자일 수도 있고, 공익을 위해 일하며 형벌을 받는 죄수일 수도 있고, 실업자가 시간을 떼우는 것일 수도 있고, 어떤 단체를 위해 봉사를 하는 활동가일 수도 있고, 불법 노동자일 수도 있고, 휴가를 받은 은행원일 수도 있다. 많은 경우 그가 하는 노동의 법적 지위에 관한 문제는 분쟁에 이르기 전까지는 문제되지 않는다. 사회보험은 그 노동을 상응하는 보험 체계에 소속시키고 싶어 하고, 많은 노동자들은 상응하는 법의 적용을 주장할 것이다. 근로계약은 임금노동자의 지위를 공서로서 부여한다. 이는 곧 근로계약이 당사자의 자유의

사나 그들의 합의에 의해 부여된 정의에 의존하지 않고 노동자의 활동에 존재하는 조건에 의해 좌우됨을 의미한다(파기원 사회부 2000. 12. 19. Labbane 사건).

근로관계의 법적 지위에 대한 문제는 중대한 결과를 초래하기도 하며 또한 아주 어려운 문제이기도 하다. 근로계약은 경제적 용어에서 유래한 것으로서 그 모호함은 그 개념이 등장하기 시작한 1900년부터도 일부 법률가(이를 테면 플라니올Planiol)에 의해 비판되기도 했다. 그 모호함은 오늘날에 와서도 해결되지 않고 있으며 아직도 법률은 근로계약에 정확한 정의를 내려주지 않고 있다. 판례를 보면 자연인이 타인의 이익을 위해 종속되어 일하는 것을 내용으로 하는 계약을 근로계약으로 본다는 것을 알 수 있다. 근로계약의 이러한 정의의 일부 요소들은, 비록 그 적용이 분쟁의 대상이 되지 않는 것은 아니지만, 그리 큰 문제가 되지 않는다. 노동 관계의 '유상성'(*caratère onéreux*)이 그러한데, 이는 가족 관계에서의 노동이나 여가시간 혹은 결사(정치 단체, 노동 단체, 자선 단체 등)에의 참여 등에서 볼 수 있는 봉사적 노동을 제외한다. 또한 교환 가치를 가질 수 있는 '경제적 성질의 활동'(*activité de nature économique*)이라는 엄격한 의미로 사용되는 노동의 개념도 그러하다. 원칙적으로 학교 공부, 직업 훈련의 목적으로만 이루어지는 노동은 임금 노동과 같은 것으로 생각되지 않는다. 반대로 "리얼TV쇼" 프로그램에 참여하는 것은 제작 회사에 의하여 강요되는 행위를 함축하는바 노동을 구성한다(파기원 사회부 2009년 6월 3일 Glem사 판결). 마지막으로 위 근로계약의 정의는 '교환'(*échange*)의 틀에서 이루어지지 않는 노동을 제외한다. 즉 이는 노동이 쌍무적인 관계에서 이루어져야 하는 것이지 공무원의 지위나 가톨릭 사제(다른 종교에서와 달리 위계적 질서에 포함되는)처럼 일방적으로 확정되는 관계에서 이루어지면 안 된다는 의미이다. 이런 다양한 경계들은 완벽한 구분이라고 할 수 없다. 가족 단위의 농업 관계에서 볼 수 있는 변형된 임금에 관한 근로계약이나 직업 훈련의 일환으로 이루어지는 계약이나 공법 관계에서의 근로계약처럼 그 변종이 많으며 이들은 다양한 자신들의 고유한 규율들과 임노동자성을 혼합한다. 근로계약은 유상성을 갖는 경제 활동의 이행을 목적으로 하는 유일한 계약은 아니다. 위임계약, 도급계약, 지입계약, 프랜차이즈계약, 비법인회사계약 등도 그러한 계약이다. 임노동자의 법적 지위와 관련한 소송에서 가장 중요한 것은 그러한 계약들과 근로계약의 정확한 구분에 있다. 이것이 바로 종속 관계가 근로계약을 징표하는 기준이 된 이유이다. 종속 관계는 근로계약을 정의하는 유일한 요소는 아니지만 근로계약을 기타 계약과 구분짓는 요소인 것이다. 근로계약은 보에티가 "자유로운 의사에 의한 복종"이라고 지칭한 법적 관계를 형성한다. 이것이야말로 사법에서는 예를 찾을 수 없는 근로계약에서의 가장 큰 특징이라고 할 것이다.

2. 종속이란 무엇인가? — 종속이란 규율에 복속하는 것을 의미한다. 그러나 이는 그 규율의 성질에 대해서는 그 무엇도 말해주지 않는다. 그 규율은 한 조직의 계속성을 보장하는 조직 내의 구조를 의미하는 것일 수도 있다. 또한 규율은 한 자유로운 사인이 타인에 대해 부과하는 명령일 수도 있다. 전자의 경우 종속은 소속 관계를 의미하고 후자의 의미에서는 복종 관계를 의미한다. 이런 점에서 조직적 종속은 조직에의 합체를 뜻하고 그와 다른 인적인 종속은 타인에 대한

복종을 의미하게 된다. 근로계약은 언제나 종속 관계의 위 두 특징 사이의 긴장 관계에 놓여 있다. 폴 픽Paul Pic과 같은 몇몇 법률가들은 노동을 착취하고자 하는 사업가에 비해 경제적으로 약한 지위에 있는 노동자들에게 사회보장의 적용을 하기 위해서 경제적 의존 관계를 근로계약의 요소로 보는 전자의 개념을 옹호하였다. 그러나 경제적 의존관계라는 개념의 지나친 확장에 의문을 품은 파기원은 바르두Bardou 사건(파기원 민사부 1931. 7. 6.)에서 이른바 법적 종속이라는 기준을 승인하였다. 이는 임노동자가 사용자의 지휘와 규율 아래에 인적으로 종속됨을 의미한다.

그 후 파기원은 주기적으로 종속 관계에 인적이며 제한적인 개념을 재확인했다. 그 이후 노동법은 조직적 종속이라는 개념에 많은 양을 할애했으며 경제적 의존 관계에 있는 많은 노동자들에게 그 적용의 장을 넓혔다.

입법자에 의해 이루어진 위 확장은 다양한 유형의 노동자들(노동법전 제 7 편에 수록)이 노동을 하면서 규율에 복종한다는 증거 없이도 이들을 임노동자로 간주했다. 이에 따라 가내 노동자, 보모, 공연 예술인, 모델, 기자, 외판원(VRP) 및 일부 상업 지배인들은 근로자로 간주된다. 여기서 법은 에둘러 하나의 직업법으로 회귀하고 있으며 해당 직업의 수행이라는 입증만으로 상응하는 법적 지위를 향유하는 데 충분하다.

판례도 또한 "사업편입성"(*l'intégration à un service organisé*) 이라는 요소를 법적 종속성의 지표로 삼으면서 법적 종속성이라는 개념 안에서 조직적 종속성이라는 개념을 넓게 받아들였다. 노동법뿐만 아니라 사회보장법과 관련해서도(사회보장법전 L. 311-2조의 확장된 규정 형식에도 불구하고 종속성의 정의는 동일하게 받아들여진다), 법원은 종속을 정의하기 위해서 이른바 '종합적 판단'(*faisceau d'indices*)이라는 기술을 사용하고 있다. 이는 종속성 판단 지표들 중의 어느 하나를 필수적이고 충분한 것으로 보는 것이 아니라 종속의 객관적 지표 전체를 종합적으로 판단하여 계약의 성격을 규명하는 것이다. 이 판단 지표 목록에는 예컨대 근로 시간과 근로 장소의 구속, 절차, 프로그램 또는 지리적 구분에 대한 준수, 보고의 의무, 보수 지급 방식(시간급은 근로자성을 긍정하는 지표이다), 작업 수단의 제공(도구 또는 원료), 한 사용자에 대한 전속성 또는 겸업금지조항의 존재, 노무 수급자의 "사용자적"(patronal) 행위(임금 명세서의 발급 또는 노무 공급자를 근로자노후연금에 가입시키는 것) 등이 있다. 이 지표들 중의 상당수는 '노무 공급자의 사업편입성'(*intégration du travailleur à un service organisé*)이라는 하나의 공통된 개념에 화답하는 것이다. 이 개념은 엡도-프레스 Hebdo-Presse 판결(파기원 전원합의체 1976. 6. 18.)에서 처음으로 공식화되었는데, 그 자격 또는 수행하는 임무의 성질상 작업의 수행에 있어서 직접적인 지휘명령을 받지 않는 일군의 노무 공급자(의사, 변호사, 교수, 프로운동선수 등)를 근로자로 판단하는 것을 도왔다.

입법과 판례에 의한 근로자 범위의 확대는 사실상 일정한 경제적 조직에 속해 있다는 사정으로부터 귀결되는 조직적 종속성 개념을 승인하는 것이다. 주기적으로 이러한 확대는 저항의 움직임이나 퇴조를 불러왔다. 입법자는 '농업편입계약'을 노동법전에 포함시키는 데 성공한 바 있다(1964년 7월 6일 농업에 있어서 계약적 경제에 관한 법). 또한 독립사업자로 등록을 한 노무 공급자는 노무 수급인과의 관계에서 '상시적인'(*permanente*) 법적 종속성 관계를 입증하지 못하는 한 근로자가 아닌 것으로 추정한다는 규정이 도입되었다(노동법전 L. 8221-6조). 한편 파기원은 1996년에 사업편입성은 "종속성의 한 지표"일 뿐이며 법적 종속성은 "지휘명령을 할 수 있는 권한이 있고 그 지휘명령의 이행을 감독하고 그 불이행을 제재할 수 있는 권한을 가진 사용자의 권한하에서 노동을 수행하는 경우에 인정된다"라는 점을 상기시켰다(파기원 사회부 1996. 11. 16. Société générale 사건). 그러나 2000년부터, 이러한 정의를 번복하지 않은 채, 파기원은 택시 회사가 월사납금을 대가로 택시를 "독립적인"(indépendants) 택시 운전수(근무 시간과 근무 범위가 자유로운)에게 대여하는 이른바 '택시임대계약'을 근로계약으로 판정하였다(파기원 사회부 2000. 12. 19. Labbane 사건). 종속성 개념은 여기서 자신의 융통성을 확인시켜 준다. 따라서 이 개념이 동일한 시대에서도 다양한 모습을 띨 수 있으며 시대가 바뀌면 그 모습도 달라진다는 점은 전혀 놀랄 일이 아니다.

3. **종속의 새로운 얼굴** — 산업 모델에서는 사업은 집중화되고, 위계화되며 생산을 위한 모든 측면들을 다 끌어 안고 있다. 여기에서는 종속 노동과 독립 노동을 분명하게 구별하는 것이 가능하였다. 이러한 구분은 오늘날 경제 활동의 주된 형태인 망적 모델에서는 유의미하지 않다. 노동법에서는 법적 종속, 곧 주인의 명령에 엄격하게 구속된다는 생각은 완화되고, 하나의 조직에 편입된다는 개념이 그 자리를 대신한다. 이 조직 속에서 일하는 자는 자신들이 합의한 목적을 달성하는 방식에서 자유롭고 또한 그 목적은 일하는 자들에 대해서뿐만 아니라 그들의 사용자에 대해서도 강요되는 탈인격적 평가 규범을 구성한다. 민법이나 상법에서는 반대로 법적 독립성이 그 본질

을 상실하고 생산 또는 유통의 통합적 망 속에서 부여되는 집단적 규율에 사업주도 구속된다. 농업이나 유통 분야에서는 이와 같이 사업에 대한 책임은 지면서도 그 사업을 자유롭게 운영할 힘은 갖지 못한 '종속된 사업주'(*entrepreneurs dépendants*)가 넘쳐 난다. 이 두 경우에서 주목해야 할 것은 종속의 새로운 형태이다. 안정적이고 굉장히 위계적인 집단적 조직 속에 편입되는 대신, 노동은 점점 더 경계가 불명확한 망구조 속에서 복종 과정에 응답하고 있다. 이와 같이 오늘날 사업에서는 노동법 구조의 배후를 공격하는 새로운 형태의 인간 지배가 나타나고 있다.

이러한 변화는 그 자체로는 좋은 것도 아니고 나쁜 것도 아니다. 가장 좋은 결과뿐만 아니라 가장 나쁜 결과도 초래할 수 있는 것이다. 모든 것은 우리가 그러한 변화들을 다스릴 수 있는 방법에 달려 있을 것이다. 한편에서는 이러한 변화들은 인간 소외의 새로운 형태들을 잉태하고 있다. 적어도 지휘명령에 구속되는 노동자는 그에 복종하는 것으로 만족하고 나머지에 있어서는 자기 자신을 지킬 수 있었다. 그에게 심장이나 간, 지성, 창조성을 사업에 제공하라고 요구하지는 않았다. 이 모든 것은 오늘날 노동자에게 요구되는 것이다. 이러한 요구는 산업 모델에서는 결코 비견할 만한 예를 찾을 수 없는 자기 소외의 위험을 수반한다. 그러나 다른 한편에서 보면, 인간의 자유와 자율에 승부를 거는 조직 형태는 노동자의 해방의 기회이며 언제나 노동조합 운동의 목표였던 노동해방이라는 목표에도 부합할 수 있다. 모든 것은 노동자와 그 단체들의 집단적 행동의 능력에 달려 있으며, 노동조합이 노동 세상의 심각한 변화를 얼마나 고려할 수 있는가 그 적응성에 달려 있다.

II. 종속의 제한: 사용자 권력의 제한

법적 종속으로 특징되는 근로계약은 근로자를 사용자의 권력하에 둔다. 최근까지도 이 사용자의 권력은 형법의 제한 외에 다른 제한을 거의 알지 못했다. 사업의 문을 열고 들어서는 순간 근로자는 모든 자유를 포기하고 전적으로 사용자의 의사에 좌우되는 사적 규범 질서 속으로 들어갔다. 이러한 이유로 일부 법학자들은 사업을 자신의 고유한 법을 가지고 있는 하나의 제도로 파악하고, 사용자의 이익과 근로자의 이익의 대립을 뛰어넘는 사업의 이익이 사용자 권력의 근거이자 동시에 한계가 되어야 한다는 이론을 주장하였다. 특히 폴 뒤랑은 이에 터 잡아 삼권분립 이론의 영감을 받아 사용자의 권력을 삼분하는 이론을 주장하였다(경영권, 규칙제정권 및 징계권).

이와 같이 공법이나 형법의 이론을 빌려 오는 것은 근로계약과 사적 소유에 기반한 징계권이 그대로 적용되는 것을 제한하는 역할을 하였다. 1960년대에는 이러한 가부장적 모델("신법적 사용자"(patronat de droit divin)로 비난받는)이 가족이나 공적 영역에서 그러했던 것 마냥 사업 안에서도 의심을 받았다. 이러한 의심은 노동자의 새로운 권리들에 관한 유명한 오루 보고서(1981)의 다음과 같은 언명으로 이어졌다: "시민사회 속에서 시민인 노동자는 사업 안에서도 그러해야 한다." 이와 같은 새로운 시민적 담론의 공적 출현과 맥을 같이 하는 '사업 내에서 노동자의 자유에 관한' 1982년 8월 4일 법은 사용자의 권력 행사 속에서 노동자의 자유에 가해질 수 있는 침해들을 제한하였다. 이러한 사용자 권력의 법합치화는 평등 원칙의 사업 내로의 침투에 의해서도 또한 표현된다. 이러한 침투는 금지되는 차별 영역의 주기적인 확대로 나타난다.

1. 자유의 제한 — "누구도 인간의 권리와 개별적, 집단적 자유에 대해서 달성해야 할 과제의 성질에 의하여 정당화되어지지 않고 추구하고자 하는 목적과도 균형을 이루지 않는 제한을 가할 수 없다"(L. 1121-1조. L. 1321-3조)라고 규정하면서, 오늘날 법은 사용자의 권력을 기능적 정의 속에 가두고 있다. 이는 혹시 있을지도 모르는 사용자 권력의 탈법(권리와 자유의 정당화되지 않는 제한) 또는 월법(비균형적인 제한)을 통제할 수 있도록 한다. 기능적 정의는 사용자에게 세 가지 기능을 인정하는데, 이는 사용자 권력의 근거이자 측정 기준이다. 즉 사업을 운영하는 것, 위생과 안전을 규제하는 것과 징계, 근로자가 범한 과실을 제재하는 것 등이다.

'경영권'(*pouvoir de direction*)은 경제적 선택(무엇을 어떻게 생산할 것인가?)이든 사회적 선택(누구를 채용하고 누구를 해고할 것인가? 어떻게 작업을 조직할 것인가? 그리고 어떤 조건에서 할 것인가?)이든, 사업을 운영함에 있어서 따르는 모든 경영상 선택에 걸친다. 유명한 브리농Brinon 판결에서 파기원은 사용자는 자신의 경영 판단에 있어서 "유일한 심판자"(seul juge)라고 판결하였다(파기원 사회부 1956. 5. 31). 이 입장은 확실히 더 이상은 실정법을 반영하지 못한다. 우선, 입헌적 군주가 된 사용자는 많은 중요한 결정들을 내리기에 앞서 정보를 제공해야 하고, 협의를 해야 하며, 교섭을 해야 한다. "경영과 사업의 경제적·재정적 변화, 작업의 조직, 직업 훈련 및 생산 기술과 관련된 결정 속에서 (근로자들의) 이익을 상시적으로 고려하기 위하여"(L. 2323-1조) 사업위원회에 보고하고 협의하여야 하며, 특히 근로시간과 임금에 관해서 노동조합 대표자와 정기적으로 교섭해야 한다. 다음으로, 법원은 근로자의 권리와 자유에 가한 사용자의 침해가 정당화되고 비례적인 것인지를 심사할 수 있다. 수많은 판례가 이를 보여준다. 의복에 관한 규칙(두건이나 반바지의 착용), 소비에 관한 규칙(특정한 상표의 차량을 구입할 의무), 전자우편의 감시(근로자들의 "개인적인"(personnels) 메일을 여는 것을 금지하는 것), 몸수색(예외적인 상황이나 안전의 요청에 의하여 정당화되어야 한다), 주거 지역의 선택 등과 관련해서, 사용자는 이제 더 이상 자신의 경영권 행사와 관련하여 유일한 심판자가 아니며, 그의 결정은 비례성 심사와 권력 남용 심사의 대상이 된다. 마지막으로, 경영권은 계약적 자유에 기초하고 있는바, 근로계약의 규정을 준수할 의무 속에서 그 한계를 만나게 된다. 종속 관계는 사용자로 하여금 근로 조건을 일방적으로 변경할 권한을 부여하지만, 계약의 문언은 근로자의 명시적인 동의 없이는 변경될 수 없다(파기원 사회부 1987. 11. 5. Raquin 사건). 파기원이 근로 조건의 변경(근로자를 구속한다)과 계약의 변경(근로자는 거부할 권리가 있지만 경영상 이유로 인하여 해고될 위험을 감수해야 한다)을 구별하는 것은 이론적으로는 명쾌하지만, 실제에 있어서는 분쟁의 보금자리이며 풍부할 뿐만 아니라 불확실한 궤변(공연한 구분)을 살찌운다.

'규칙 제정권'(*pouvoir réglementaire*)은 또한 사용자의 의무이기도 하다. 왜냐하면 취업규칙을 작성하는 것은 20인 이상의 근로자를 사용하는 모든 사업에서 의무적이기 때문이다. 이 취업규칙은 사업 내 위생과 안전 그리고 징계만을 목적으로 한다. 취업규칙은 경영권과 동일한 기능적 요구들(근로자의 권리와 자유에 가해지는 침해의 정당화와 비례성)에 구속되며, 단지 심사의 방식만이 다르다. 그 작성은 종업원을 대표하는 자의 의견을 청취해야 하고, 근로감독관에 의한 합법성 심사를 받아야 한다. 이 합법성은 또한 근로자에 의해서도 법원에서 다루어질 수 있다. 흔히 징계를 둘러싼 분쟁의 경우에 그러하다.

'징계권'(*pouvoir disciplinaire*)은 근로자의 과실에 대해서 사용자가 제재할 수 있는 권한이다. 이 권한은 오랫동안 진정한 사법 심사의 영역 바깥에서 행사되었고, 법은 금전적 제재를 취업규칙에 규정하는 것을 금지하는 데 만족하고 있었다. 1982년 8월 4일 법은 징계권의 법적 기초를 부여하면서도 그 행사를 형법에서 영감을 얻은 징계 절차의 준수에 구속시켰다(방어권, 징계 사유와 벌칙의 사전 규정). 이 법은 또한 법원으로 하여금 근로자에게 부과된 징계의 절차적 정당성, 실체적 정당성 및 비례성을 심사할 수 있도록 함으로써 사용자는 유일한 심판자라는 규칙에 마침표를 찍었다.

2. 차별의 금지 — 평등은 헌법적 가치를 갖는 원칙으로서, 출신, 인종, 성 또는 종교와 같은 개인의 특성을 고려하는 것을 금지하는 것이다. 금지되는 차별의 목록은 해마다 길어지고 있으며, 가장 완성된 형태의 목록은 노동법전 L. 1132-1조의 목록으로서, 이 조항은 근로자의 출신, 성별, 풍습, 성적 지향성, 나이, 가족 상황, 유전적 특성, 어떤 민족이나 국가 또는 인종에 속하는지 여부(그것이 진실이든 아니면 허구이든), 정치적 견해, 노동조합 활동 또는 단체 활동, 종교적 신념, 외모, 성(姓) 또는 건강 상태나 장애(의사에 의하여 부적격성이 확인된 경우를 제외)를 고려하는 것을 금지하고 있으며, 이에 반하는 법률 행위나 규정은 무효로 하고 있다. 연령이나 여성을 위한 일시적 균등 조치(이른바 "적극적 차별"(discrimination positive))를 제외하면 차별 금지는

근로 관계의 모든 측면, 채용에서부터 해고까지 적용된다. 균등 대우는 또한 이론적으로 비정규직 근로자와 단시간 근로자에게도 적용되는 원칙이다. 차별은 직접적일 수 있다. 즉, 사용자의 고의에 의한 것일 수 있다. 차별은 또한 간접적일 수도 있다. 보기에는 중립적인 사항이 특정 범주의 근로자에 대한 차별적 취급을 개관적인 결과로 가질 때 그러하다. 유럽 법은 (임신과 출산을 제외하고 여성에게 유보되고 있던 모든 사회적 혜택들을 제거하면서) 남녀 평등에 관하여 확장된 해석을 요구하는 데 많은 노력을 기울여 왔다. 유럽 법은 또한 차별에 대한 투쟁에 일정한 신뢰성을 부여하기 위하여 입증 책임을 어떻게 구성해야 하는지도 보여주었다. 일단 근로자가 차별이 있었다고 주장하면, "자신의 결정은 일체의 차별과 무관한 객관적 요소에 의하여 정당화된다"(L. 1134-1조)라는 것을 입증할 책임은 사용자에게 있다.

제 6 장 집단적 노동관계

민법전을 읽어 보면, 국가와 개인 사이에는 아무것도 없으며, 시민사회는 동등하고 서로에 대해서 무관한 계약 당사자들인 개인들의 동질적 집합, 어떠한 분자도 없는 원자들의 세계이다. 이와 같은 개인주의는 놀랄 일이 아니다. 왜냐하면 이 점에 관한 한 민법전은 1791년에 이미 동업조합과 단체들을 박멸한(르 샤플리에 법) 혁명의 영감에 충실하기 때문이다. 이러한 법 세계에서 자신들의 공통의 이익을 방어하기 위하여 단체를 결성하는 것은 형법전 제414조와 제415조에 규정되어 있던 범죄, 즉 공모죄를 구성하는 것이었다. 집단은 따라서 없었던 것이 아니라 억압되었다. 1884년에 르 샤플리에 법을 폐지한 발덱-루소 법은 단결의 자유를 직업적 자유의 목록에 추가하는 데 그친 것이 아니라, 일정한 수의 "배우들"(acteurs)이 사용자와 근로자를 대표하는 새로운 법적 무대에 빛을 부여하였다.

프랑스 사회에서 이처럼 집단이 법적 생명을 회복하게 된 것은, 그 구성원에게 강요되는 소속 관계를 기초하는 "직업공동체"(communautés professionnelles)의 형태하에서가 아니라, 개인의 자유로운 가입에 근거한 "직업단체"(groupements professionnnels. 노동법전 제 4 권의 제목)의 형태하에서 진행되었다. 프랑스의 노사관계 모델은 실상 민법전의 개인적 평등과 자유의 가치를 물리친 것이 아니라 껴안았다. 이는 "집단적으로 행사되는 개별적 권리 또는 자유"(droit ou liberté individuelle s'exerçant collectivement)라는 전형적으로 프랑스적인 개념 속에서 표현된다. 이 개념은 단결의 자유뿐만 아니라 파업권 또는 단체교섭권에 대해서도 적용된다. 왜냐하면 이 권리와 자유들은 개별적 차원에서는 상실된 사용자와 근로자 사이의 평등을 집단적 차원에서 회복시키고자 하는 하나의 야망에 복무하기 때문이다.

이와 같이 노동법에 의하여 제도화된 노사관계는 노동법 발전의 진정한 원동력이 되었다. 이 노사관계는 적어도 민주주의 국가에서는 전 산업 시대의 동업조직(직업상 신분이 위로부터 강요되는)으로 회귀하는 형태를 취하지는 않았다. 반대로 노사관계는 대표, 단체행동, 교섭의 경계를 설정하였고, 그 경계 안에서는 법의 발전이 아래로부터, 사용자와 근로자의 이해 대립으로부터 왔다. 이 점은 민주주의 국가에서 노동법의 역할을 이해하는 데 필수적이다. 전체주의 국가에 대한 복지국가의 우월성은 사회적 보호를 제공하는 데 있는 것이 아니라(일반적으로 복지국가는 파시스트 국가나 공산주의 국가보다 덜 야망적이고 더 취약하다) 피지배자로 하여금 그들이 생각하는 공정한 질서의 관념을 지배자에게 대립시킬 수 있는 것을 가능케 하는 단체행동의 권리를 보장하는 데 있다. 집단적 대표, 파업, 단체교섭은 힘 관계를 법관계로 전환시키는 제도적 장치의 요소들이다. 이러한 단체행동의 권리들은 국가마다 다른 형태로 시민법의 사회적 해석의 발전을 가져왔다. 이러한 해석이 없이는 노동법도 사회보장 제도도 빛을 보지 못했을 것이다.

I. 집단적 대표

"모든 근로자는 그 대표를 통하여 근로조건의 집단적 결정과 사업의 경영에 참여한다." 이로써 1946년 헌법 전문은 참여에 관한 근로자의 권리를 승인하였다. 이 권리는 단결의 자유와 달리 사업 내 근로자들의 집단적 대표 조직을 강제한다. 이 집단적 대표에 관한 권리는 오늘날 유럽 차원에서도 보장되는데, 특히 근로자에 대한 정보 제공과 협의에 관한 일반적 틀을 설정하는 2002년 3월 11일의 2002/14/CE 지침에 의해서 그러하다. 이 대표 원칙은 더 이상 부정되지 않지만, 그 구체적 방식은 여전히 논란을 불러일으킨다. 근로자의 집단적 대표는 수임인에 의한 위임인의 대표(프랑스법에서는 대리와 대표를 용어상 구별하지 않고 모두 "대표"라고 쓴다—옮긴이)가 알지 못하는 문제를 제기한다. 민법에서는 피대표자가 대표자에 앞서서 그리고 대표자와 무관하게 존재하지만, 사회법에서는 대표되는 집단이 법적 생명을 취득할 수 있도록 만드는 것은 대표자의 제도적 존재이다. 종업원에 의해 선출되는 대표를 선택하는 것은 서로 다른 사업에 속해 있는 근로자들 사이의 직업적 연대보다 사업별 연대를 우선시하는 것이며, 사업의 외부에 있는 노동조합에 의하여 지명되는 대표자를 선택하는 것은 이 직업적 연대를 중시하는 것이다. 첫 번째 입장은 (1936년에 마티뇽 협약에 의하여 도입된) 종업원대표위원 선거를 제안하였을 때부터 줄곧 프랑스 사용자의 입장이었다. 반대로 두 번째 입장은 사업 내에 자신들의 고유한 대표자를 두고 선출된 대표자들에 대하여 후견 노릇을 행사하기를 요구해 왔던 노동조합에 의하여 지지되었다. 헌법위원회에 따르면, 노동조합은 비록 근로자의 권리와 이익을 방어할 본래적 사명을 갖지만, 집단적 대표에 관한 독점권을 갖는 것은 아니며, "선거를 통하여 선출된 근로자나 그 대표성을 담보하는 위임의 자격자는 그 개입이 노동조합의 활동을 방해할 목적이나 효과를 갖지 않는 한, 근로조건의 집단적 결정에 참여할 수 있다."(CC, D. 96-383, 1996. 11. 6). 프랑스 법은 대표에 관한 이 두 가지 방식—선거에 의한 대표와 노동조합에 의한 대표—의 잇단 타협의 산물로서, 사실상 굉장히 복잡한 규칙들의 난마 속에 이 둘을 결합시키고 있다. 한편으로, 프랑스 법은 특히 사업위원회 제도를 통하여 선출직 대표에 대해서 중점적 위치를 부여한다. 그러나 다른 한편, 법은 노동조합에 이 선출직 대표를 통제할 수단을 부여하고 있으며 또한 사업 내 노동조합의 대표자를 지명할 권리를 부여하고 있다. 이러한 다양한 형태의 대표들 사이의 관계는 대표자의 보호적 지위에 관한 통일적 규정 속에서 드러난다. 이러한 구성의 핵심은 이 모두에 대해서 민주주의적 정당성을 부여하는 대표성 개념이다.

1. 대표성 — 단결의 자유는 복수노동조합주의와 비조합원들의 보호를 쌍으로 한다. 사실, 프랑스는 노동조합이 많은 것만큼이나 조합원의 비율이 낮다. 이러한 상황은 만약 노동조합이 집단적 자유의 한 표현에 지나지 않고 특별한 법적 권한을 향유하지 않는다면 법적인 파급 효과는 없을 것이다. 그러나 법률이 노동조합에 대하여 일정한 행위를 수행할 수 있는 배타적인 법적 능력을 부여하는 한, 노동조합 중에서 이러한 법률행위의 수행 속에서 근로자들을 정당하게 대표한다고 자처할 수 있는 노동조합을 구별해 내는 것은 불가피한 일이다. 외국의 법제 중에는, 예컨대 미국에서는 이러한 문제는 노동조합

이 조직되어 있는 사업 단위에서, 노동조합을 근로자들의 투표 앞에 경쟁시키는 정기적인 선거의 조직에 의하여 처리된다. 과반수를 획득한 노동조합은 다음 선거 때까지 사업 내 모든 근로자들을 대표하는 독점적 권한을 부여받는다. 이와 같은 과반수 대표 시스템은 복수의 노동조합들 사이의 균등 대우를 보장하기 위한 고민보다는 사용자와 노동조합 사이의 힘의 균형을 확보하는 것을 우선시하는 것이다. 프랑스에서는 반대로 입법자는 1947년에 과반수 대표제를 배척하였는데(냉전이라는 상황과 CGT-FO의 창립이라는 맥락 속에서), 여기에는 과반수 대표제가 CGT(친공산주의 계열)에 독점적 대표권을 부여할까 우려했기 때문이다. 대신, 복수노동조합주의(사실상 노동조합분열주의)를 보장할 수 있는 대표성 원칙을 선택하였다.

이 시스템은 오랫동안 사용자뿐만 아니라(노동조합들을 분열시키고 약화시키므로) 대표적 노동조합에도(특히 노사공동기구에서 안정된 지위를 부여받으므로) 환영받았다. 집단적 노동관계가 근로자들의 처지를 개선하는 것만을 목적으로 삼던 때에는 이 시스템은 그다지 큰 문제를 야기하지 않았다. 사용자에 대해서 압력을 행사하는 노동조합과 사용자와 협조하는 노동조합 사이에 암묵적인 역할 분담이 이루어지고 있었다. 1981년에 대표제와 단체교섭이 경영의 도구, 사업의 요구에 근로자들을 적응시키기 위한 도구로서 복무하기 시작하면서부터 상황은 바뀌었다. 이제는 민간 부문을 거의 조직하지 못하는 노동조합이 때로는 근로자의 입장에서 상당히 부담스러운 협약을 유효하게 체결할 수 있다는 것을 인정하기가 힘들어졌다. 주요 노사 단체들의 요구에 응하여 대표성 인정에 관한 요건들이 근본적으로 개정되었는데, 우선 2004년 5월 4일 법에 의하여 단체교섭과 관련하여 한시적으로 이루어졌으며, 2008년 8월 20일 법에 의하여 일반적 규정으로 이루어졌다.

2008년 법은 (장기간의 이행기를 통해) 대표성 간주 제도의 폐지를 규정하고 있으며, 대표성 인정 기준에 관한 새로운 목록을 작성하였다. 이 목록은 공화국 가치의 존중, 자주성, 재정 투명성, 조직 연혁, 종업원 대표 선거 득표율, 영향력, 조합원 수 및 조합비를 포함한다(L. 2121-1조). 사업 또는 그룹에서는 가장 최근의 사업위원회(없는 경우 종업원대표위원 선거) 선거 1차 투표에서 유효표의 10% 이상을 획득한 노동조합이 종업원 대표 선거 득표율 요건을 충족한다. 산업과 전산업 수준에서는 이 비율이 8%로 내려간다. 이른바 상응의 원칙에 의하여 대표성은 대표가 활동해야 하는 수준에서 평가된다. 그러므로 하나의 노동조합은 특정한 산업이나 특정한 사업에서는 대표성이 인정될 수 있지만 다른 산업이나 다른 사업에서는 그렇지 않을 수 있다. 사업 또는 그룹에서 어떤 노동조합의 대표성에 관하여 분쟁이 발생한 때에는 민사 법원에서 판단한다. 다른 수준에서는 노동장관이 행정법원의 통제를 유보한 채 대표적 단체들의 리스트를 정한다.

대표성이 인정되는 노동조합은 많은 특권들을 향유한다. 사업 내 조합대표위원의 선임, 단체협약의 교섭, 노동자들이 대표되어야 하는 다양한 지역, 전국 혹은 국제 기구들에 대표를 파견하는 것(1919년에 대표성의 문제가 최초로 제기된 것은 국제노동기구 집행위원회에서의 노동자 대표 문제였다) 등이다. 이 중에서 단체협약을 '교섭할 수 있는 능력'은 핵심적인 지위를 차지한다. 그러나 2004년과 2008년에 이루어진 개정 이후 교섭 능력은 더 이상 노동조합이 근로자들을 구속시킬 수 있는 충분 조건이 아니다. 여기에 더하여 단체협약이 근로자들의 과반수를 대표하는 노동조합들에 의하여 명시적으로 또는 묵시적으로 승인되었어야 한다. 이 과반수 원칙에 의하여 단체협약의 유효성은 두 가지 조건에 종속된다. 첫째는 종업원 대표 선거 득표율이 30% 이상이 되는 노동조합(들)에 의하여 서명되어야 할 것, 둘째는 득표율이 50%를 넘는 노동조합(들)에 의하여 거부의 대상이 되지 않을 것이다. 이 규칙은 개별 산업(L. 2232-6조)이나 사업(L. 2232-12조)뿐만 아니라 전체 산업 수준(L. 2232-2조)에서도 적용된다.

2. **종업원의 선출직 대표** — 1946년부터 법은 상호 보완적인 기능을 수행하는 두 개의 대표 제도의 선거를 규정하고 있다. '종업원대표위원'(*délégués du personnel*)은 사업 내 적용되는 법령과 단체협약의 적용을 감시하는 임무를 부여받는다. 이를 위하여 종업원대표위원은 사용자에게 근로자들의 요구 사항을 전달하거나 근로감독관에게 자신의 관할에 속하는 고충 사항이나 감독 사항을 신고한다(L. 2313-1조). '사업위원회'(*comité d'entreprise*)는 진정한 권한을 행사한다. 사회적 영역에서는 결정권을 행사하는데, 사업 내 설치된 모든 사회적 또는 문화적 활동을 운영하거나 감독하기 때문이다(L. 2323-83조). 경제적 영역에서는 협의권을 행사하는데, 근로자들의 집단적 의사를 표현하는 기관이기 때문이다(L. 2323-1조). 종업원대표위원은 사업위원회가 없는 사업에서 사업위원회의 권한 중 일부를 행사한다. 그리고 근로자 수 200인 미만의 사업의 사용자는 이 두 대표 제도를 통합하여 '단일대표위원'(*délégation unique*) 제도를 두도록 결정할 수 있다. 이 단일대표위원이란 종업원대표위원의 권한과 사업위원회의 권한을 아우르는 종업원대표위원이다.

이러한 경우(드물지 않다) 외에는 종업원대표위원과 사업위원회는 서로 다른 선거를 치른다. 종업원대표위원은 근로자 수 10인 초과의 사업장에서 선출하며, 사업위원회는 근로자 수 50인 이상의 사업에서 선거를 한다. 그러나 복수의 사업장으로 구성된 사업에서는 '사업장위원회'(*comités d'établissements*)를 조직하는데, 사업장위원회는 그 위원들 중에서 '중앙사업위원회'(*comité central d'entreprise*)의 위원들을 선출한다(L. 2327-2조 이하). 판례는 사업장의 개념과 관련하여 기능적 관점에서 접근하는데, 관련된 대표 제도의 임무에 따라 조정된다. 하나의 노동공동체는 종업원대표위원의 조직과 관련해서는 독립된 사업장으로 평가될 수 있을 만큼의 충분한 자율성을 가질 수 있지만 사업장위원회의 선거를 위해서는 충분하지 못할 수 있다. 복잡한 법적 구조를 갖고 있는 사업에서 결정이 이루어지는 단위와 근로자들이 대표되는 단위를 조응시키기 위한 고민은 '그룹위원회'(*comité de groupe*)를 제도화하기에 이르렀다. 그룹위원회는 제한된 권한을 행사하는데, 지배적 사업과 지배적 사업에 의하여 지배되는 사업들 사이에 형성된 경제적 일체에서 조직된다(L. 2331-1조). 이러한 의무는 '유럽사업위원회'(*comité d'entreprise européen*)의 설립 또는 유럽연합 차원에 걸치는 사업들에서 보고와 협의 절차를 마련할 것을 부과하는 유럽연합 지침에서 비롯되는 의무(L. 2341-1조 이하)와는 다른 것이다. 그러나 법은 유럽사업위원회가 이미 설치되어 있는 곳에서는 그룹위원회를 제거하는 것을 허용하고 있다.

수많은 분쟁을 양산하는 '종업원 대표 선거'(*élections professionnelles*)는 몇 가지 단순한 규칙들을 따른다. 선거는 선거 협정에 기초하여 사용자의 개시로 4년마다 치루어진다. 선거 협정의 교섭에는 해당 사업에서 대표성이 인정되는 노동조합 또는 전국 차원에서 대표성이 인정되는 노동조합에 가입한 노동조합 또는 해당 사업에 조합 지부를 설치한 노동조합뿐만 아니라 공화국의 가치에 대한 존중, 자주성, 2년 이상의 연혁 요건을 충족하고 해당 사업 또는 사업장이 자신의 직업적, 지리적 영역에 속하는 노동조합들도 참가해야 한다(L. 2314-3조). 이 노동조합들 모두는 1차 투표에 후보를 출마시킬 수 있다. 1차 투표에 후보를 출마시킨 노동조합들이 모두 합해서 등록 유권자의 반수 이상을 획득하지 못한 경우에는 2차 투표가 실시되고 2차 투표에는 노동조합의 후보가 아닌 후보들도 출마할 수 있다(L. 2314-24조). 투표는 명단으로 하며, 최대평균부비례 원칙에 따른다. 유권자는 복수의 선거군으로 나뉜다(근로자 선거군과 관리직 선거군).

'사업위원회'(*comité d'entreprise*)는 사업 내 대표 제도의 핵심 부분이다. 법인격을 가지며 운영 예산(사업의 임금 총액의 0.2퍼센트 이상)과 사회적 예산(금액은 사용자가 기여하는 금액에 달려 있는데, 사업에 따라 엄청난 차이가 있지만 프랑스 전체의 사업위원회의 "자산규모"(chiffre d'affaires)는 100억 유로로 추산된다). 사업위원회의 권한은 시간에 따라 변해 왔다. 1945년에 처음 생겨날 당시에는 사업위원회는 사용자와 협조하는 기관으로 여겨졌다. 사업위원회의 경제적 권한은 오랫동안 부차적인 것으로 머물렀다. 그리고 사업위원회의 핵심적 역할은 지나간 시절의 가부장주의로부터 벗어난 사업의 "사회적 일들"(oeuvres sociales)을 운영하는 것이었다. 그 후 사업위원회의 경제적 영역에서의 협의권은 괄목할 정도로 강화되었으며 법률은 1982년에 협조라는 사상과 결별하고 근로자들의 집단적 의사 표현이라는 사상을 채택하였다. 따라서 사업위원회는 공동 결정 기구가 아니다. 독일의 '종업원

평의회'(*Betriebsrat*)와 달리 프랑스의 사업위원회는 근로자들의 선출된 대표들만으로 구성되는 것이 아니라 사업주가 의장을 맡는다.

사업위원회의 경제적 역할은 이중적이다. 한편으로, 사업의 법적, 경제적, 재정적 상황은 사업위원회에 정기적으로 '보고되어야'(*informé*) 한다. 다른 한편, 사업의 경영과 일반적 상황에 영향을 미치는 계획과 결정은 적절한 시간 안에 사업위원회와 '협의되어야'(*consulté*) 한다. 노동법전은 이러한 보고와 협의의 대상이 되는 사항들을 자세하게 규정하고 있으며(L. 2323-6조 이하), 가장 중요한 경우들에 있어서 지켜야 할 절차들을 구체화시키고 있다. "정보통신사회"(société de l'information et de la communication)로부터 떠올리는 생각들과 달리, 정보를 전달하고 커뮤니케이션하는 것은 송신자로부터 수신자에게로 어떤 신호를 전달하는 것이 아니다. 이는, 오늘날 유럽 법에 의하여 승인된 표현에 따르면, '사회적 대화'(*dialogue social*)를 엮는 것이며, 이는 공통된 언어의 존재를 함축한다. 사업위원회의 보고와 협의에 관한 권리의 신장은 또한 교육과 전문가 자문에 관한 권리의 진보와 함께 하였다. 사업위원회는 각종 연구에 착수하도록 할 수 있으며, 사용자의 비용 지불로 회계 전문가와 기술 전문가의 자문을 청하거나 사용자가 비용을 지불하는 다른 모든 전문가의 자문을 청할 수 있다. 사업위원회 위원들은 경제적, 재정적 교육을 받을 권리가 있다. 사업위원회에 관한 법제가 확실히 과도하게 복잡하고, 사업에 따라서 위원회가 근로자들에게 가져다 줄 수 있는 혜택들이 불평등하기는 하지만, 그렇다고 해서 사업위원회의 명료하고 핵심적인 기능을 망각해서는 안 된다. 그것은 근로자들에게 집단적으로 관련되는 모든 결정에 대하여 사용자가 근로자들의 대표와 대화를 하도록 하는 것이다.

3. **노동조합의 대표성** — 1968년까지는 노동조합은 종업원대표위원 선거나 사업위원회 선거에 후보자를 추천할 수 있는 독점권을 통해서만 사업 내에서 활동할 수 있었다. 사업 내 노동조합 활동권에 대한 사용자의 오래된 반대가 해소된 것은 그르넬 협약에서이고 이 협약은 1968년 12월 27일 법으로 이어졌다. 1982년 10월 28일 오루 법에 의하여 보충된 이 법은 모든 사업 내에서 노동조합이 자유롭게 조직될 수 있도록 했다. 그러나 사업 안에서 노동조합이 권한을 향유할 수 있는가는 그 노동조합의 대표성에 달려 있다. 사업 내 종업원대표 선거에서 후보자를 출마시킬 수 있는 노동조합은 사업 내 '조합지부'(*section syndicale*)를 설치할 수 있다. 조합지부는 사업의 규모에 따라 다른 운영상의 편의 조치를 향유한다(L. 2142-1조 이하). 그러나 이 조합지부는 법인격을 갖지 않는 단순한 조합원들의 집합일 뿐이다. 조합지부는 집회를 열고, 근로자에게 선전을 하고, 조합비를 징수할 수 있는 등의 활동을 할 수 있다. 반대로 종업원 대표 선거에서 대표성이 확인된 노동조합만이 사용자에 대해서 해당 노동조합을 대표하는 '조합대표위원'(*délégués syndicaux*)을 선임할 수 있다. 50인 이상의 근로자를 사용하는 사업이나 사업장에서 이 조합대표위원은 최근 종업원 대표 선거에서 유효 투표의 10% 이상을 획득한 후보자 중에서 선임되어야 한다. 근로자 수 50인 미만의 사업이나 사업장에서는 '종업원대표위원'(*délégués du personnel*)이 그 임기 동안 조합대표위원의 직을 수행할 수 있다(L. 2143-6조). 종업원대표위원이나 사업위원회와 달리 조합대표위원은 구체적으로 명시된 사명 속에 갇히지 않으며 노동조합만큼이나 폭넓은 권한을 갖는다. 조합대표위원이 사업 안에 선임된 경우에는 조합대표위원만이 노동조합의 이름으로 사용자와 단

체협약을 교섭하고 체결할 권한을 갖는다. 해당 사업 안에서 종업원 대표 선거 득표율이 아직 측정될 수 없는 노동조합은 '조합지부대표'(*représentant de la section syndicale*)를 선임할 수 있으며, 이 조합지부대표는 단체협약의 교섭 권한을 제외하고는 조합대표위원과 동일한 권한을 향유한다(L. 2142-1-1조 이하).

사용자는 사업 내에 조직된 모든 노동조합 사이의 평등 대우 원칙을 성실하게 준수해야 하며, 노동조합의 활동에 대한 일체의 방해는 단결의 자유에 대한 방해죄를 구성한다. 만약 노동조합이 그 권한을 남용하고 있다고 판단하는 경우에는 사용자는 그 자신이 심판자가 될 수는 없으며 법원에 소송을 제기해야 한다.

4. 근로자를 대표하는 자들의 지위 — 종업원에 의하여 선출되든 노동조합에 의하여 지명되든, 사업 내에서 근로자를 대표하는 자들 또한 근로자들이다(이는 대표자들이 선발되고 임기를 유지하기 위한 조건이다). 따라서 이들은 사용자의 권한하에 놓이게 만드는 근로계약에 의하여 구속되어 있는 한편, 이 사용자의 권한으로부터 벗어나게 해주는 공서상 임기(중복도 허용된다)의 자격자들이다. 법은 이들에게 하나의 지위를 부여하면서 이 두 가지 법적 관계의 양립성을 확보하고자 노력해 왔다. 이 지위는 한편으로 대표자들의 임무 행사를 용이하게 하기 위한 것(전임시간의 부여, 사업 내에서 돌아다니고 근로자와 의견 교환을 할 자유)이고 다른 한편으로 사용자에 의한 해고권 남용으로부터 보호하기 위한 것이다. 이 보호받는 근로자들의 해고는 행정관청의 사전 승인을 얻어야 하며, 이러한 승인이 없는 경우 해고는 무효이며 근로자는 원직에 복귀되어야 한다. 판례는 이러한 보호를 일체의 근로 조

건 변경에 대해서도 확대하였다. 이들에 대한 근로 조건의 변경은 사용자에 의하여 일방적으로 강요될 수 없으며, 이들이 근로 조건의 변경을 거부하는 경우에는 특별한 해고 절차를 이행하여야 한다.

Ⅱ. 노동쟁의

근로자성과 근로계약의 개념이 아직 확언되지 아니하였던 산업사회 초기에는 근로자들의 단체행동은 "파업"(grève)이라는 이름으로 불리지 않고 공모라는 이름으로 불리었다. 구체제하의 "음모"(cabales)를 이어받은 공모는 단순히 노무 제공의 거부로서만 이해되는 것이 아니라 노동의 가격에 대하여 집단적으로 영향력을 행사하려는 모든 행위를 아우르는 것이었다. 이에는 라벨링, 왕따, 보이코트 등, "세계화"(globalisation) 및 산업 모델의 퇴조와 더불어 오늘날 되살아나고 있는 모든 형태의 행위들이 있다. 이 단체행동은 근로자들만의 일이 아니라 독립 사업자 또는 소비자들까지 포괄할 수 있었다. "업무를 중단시키거나 방해하거나 비용을 상승시키는 것"을 목적으로 하는 단체행동은 형법전에 규정된 공모죄로 처벌받았다. 1864년에 이 공모죄를 폐지한 것은 집단적 노동관계의 승인으로 가는 첫 발걸음이었다. 근로자성의 대두와 함께 공모는 파업에 자리를 내 주었는데, 파업이란 집단적이고 계획된 노동의 중단을 의미한다. 1946년, 파업은 헌법 전문에 의하여 "이를 규율하는 법률의 범위 내에서" 보장되는 권리가 되었다. 파업을 규율하는 법률은 거의 없으며, 노동쟁의의 조정에 관한 법률들(L. 2521-1조 이하)은 순전히 임의적이다. 따라서 파업권의 행사 요건과 파업시 사용자의 권리 및 의무를 정하는 것은 판례의 몫이었다.

1. **파업권** — 헌법상 파업권은 일반적 효력을 가지며 민간 부문뿐만 아니라 공공 부문에서도 행사될 수 있다(예외: 군인, 법관 등). 프랑스에서 파업권은 집단적으로 행사되는 개별적 권리이다. 파업권은 헌법상 보장된 권리로서 단체협약으로 제한할 수 없으며, 단체협약은 이 부분에 관한 한 규범적 효력을 갖지 않으며 단지 협약의 당사자들만을 구속할 뿐이다. 근로자들은 파업권의 행사를 이유로 징계되거나 차별받거나 해고될 수 없다(L. 1132-2조). 파업권의 행사는 근로계약을 정지시키며 따라서 당사자들을 상호 채무로부터 해방시킨다. 사용자는 노동이 중단된 기간에 정확하게 비례하여 임금을 지급하지 않아도 좋다. 그러나 사용자가 자신의 의무를 중대하게 고의적으로 이행하지 아니한 결과로 발생한 파업에 대해서는 그렇지 않다. 파업이 끝나면 근로자는 복직되어야 한다. 그러나 근로자가 파업시 중대한 과실을 범한 경우에는 그렇지 않다(L. 2511-1조).

파업 참가자들은 자신들의 파업에 대한 주인이며, 파업의 목적, 파업의 개시, 파업 기간, 구체적인 실행 방법 등을 자유롭게 결정할 수 있다. 입법자는 단지 공공 부문에서의 파업에 몇 가지 제한들을 설정할 뿐이다. 공공 부문에서의 파업은 노동조합의 예고에 따라야 하고 순환파업(서로 다른 범주의 종업원들이 돌아가며 하는 파업)은 금지된다(L. 2512-1조 이하). 이러한 제한들은 항공 관제, 공공 방송 또는 육상 여객 운송 같은 부문에서 더욱 강화되었다.

이러한 몇몇 법률적 제한을 제외하면, 파업권에 대한 제한은 판례에 의하여 정하여졌다. 법원은 이와 관련하여 두 가지 방법을 사용한다. 첫 번째는 파업의 법적 정의를 내리는 것으로서, 이를 통해 다양한 단체행동 중에서 법적으로 파업인 것과 그렇지 않은 것을 구별한다. 이 첫 번째 방법을 통해서 법원은 특정한 단체행동을 파업이 아니라 개별 근로자들의 과실의 합으로 분류한다. 판례에 따르면 파업은 "직업상의 요구를 관철시키기 위한 집단적이고 계획된 노동의 중단"이다. 이러한 정의에 부합하지 않는 단체행동에 참가한 근로자는 파업 참가자로 간주되지 않으며, "근로계약에서 예정된 또는 해당 직업에서 관행화된 조건과 다른 조건으로 노동을 수행한 것"을 이유로 사용자에 의하여 징계될 수 있다.

두 번째 방법은 정의의 영역이 아니라 파업권 행사의 영역에서 이루어진다. 법적으로 엄연히 파업의 성격을 갖는 단체행동에 있어서 그것이 통상적인 행사에 속하는지 아니면 파업권의 남용인지를 묻는다. 민사법원과 행정법원은 공히 "파업권의 승인은 권리의 남용이나 공서의 필요에 반하는 행사를 방지하기 위하여 다른 모든 권리와 마찬가지로 파업권에 대해서도 부과되어야 하는 제한들을 배제하는 것을 결과로서 가질 수 없다"라는 점을 인정하고 있다(CE 1950. 7. 7. Dehaene 사건). 이에 따라 최고행정법원은 공공 부문에서 상급 권한자가 법원의 심사를 유보로 최소업무를 유지할 근로자를 지명하는 것을 인정하고 있다. 남용적 파업을 특정하기 위하여 파기원은 생산의 차질(파업의 통상적인 결과)과 사업의 계획된 혼란(남용)을 구별한다. 그러므로 원칙적으로는 적법한 순환파업이나 깜짝파업도 사업에 과도하게 손해를 끼치는 방식으로 행사되는 경우에는 남용으로 될 수 있다(예컨대, 대형할인매장의 모든 계산원들이 가장 바쁜 시간에 아무런 예고 없이 한꺼번에 자리를 이탈하는 행위). 요컨대 법원은 파업이 그 목적과 상관없이 비례적이지 못한 손해를 발생시키는 것을 방지하고자 하는 것이다.

이 두 방법은 판례상 서로 결합되어 있으며, 다소 협소한 파업의 정의를 채택하는가 아닌가에 따라 동일한 행위(정치파업)가 위법한 집단 행동("비파업"(non-grève))으로 분류될 수도 있고 남용적 파업으로 분류될 수도 있다. 노동의 집단적 중단이 없고 노동의 의도적 불완전한 이행("태업"(grève perlée), 사보타지, 원료의 남용 등)이 있는 경우에는 파업으로 분류되지 않는다. 상식적으로는 파업으로 분류되는 것을 법원이 파업이 아니라고 판단하는 경우에 파업에 해당하는가 여부를 판단하는 문제는 더욱 논란이 있을 수 있다.

2. 사용자의 대항 행위 — 사용자는 파업시 중대한 과실을 범한 근로자를 해고할 수 있다. 파업권의 통상적인 행사 범위를 넘어 특히 중대한 침해를 초래하는 행위는 중대한 과실을 구성한다(폭력, 감금, 파괴, 남용적 파업인 줄 알면서 의도적으로 참가하는 것 등). 그러나 집단적 책임은 존재하지 않으며 사용자는 해당 근로자가 중대한 과실을 범했다는 점을 입증해야 한다. 파업에 대한 집단적 반격은 원칙적으로 금지된다. 사용자는 파업 근로자들을 대체하기 위하여 기간제 근로자나 파견 근로자를 사용하지 못한다. 또한 사용자는 손실을 줄이고 파업 불참자들을 파업 참가자들에 대하여 격분시킬 목적으로 모든 근로자들에 대하여 사업을 폐쇄하는 '직장폐쇄'(*lock-out*)를 할 수 없다(몇몇 외국에서는 인정된다). 단지 사용자의 의사와 무관한 구속적 상황(안전에 대한 위험, 일거리를 제공하는 것이 절대적으로 불가능한 상황)만이 파

업 불참자들에 대한 계약상의 의무를 면제시킬 수 있을 뿐이다. 사용자가 직장점거중인 파업 참가자들을 퇴거시킬 수 없는 경우가 특히 그러하다. 반대로 사용자는 파업권의 행사와 무관한 과실 행위에 의하여 사업에 끼쳐진 손해의 배상을 일반법에 따라 청구할 수 있다(CC 1982. 10. 22).

Ⅲ. 단체교섭

자유 경쟁 원칙은 사업들이 시장 가격에 영향을 미치기 위하여 담합하는 것을 금지한다. 이러한 금지를 상품의 가격과 사람의 가격에 무차별적으로 적용시키면 가장 낮은 임금을 지불하고 가장 열악한 조건 속에서 일을 시키는 사업들이 경쟁력을 갖게 될 것이다. 이러한 까닭으로 법은 주어진 경쟁 분야에서 최소한의 고용 조건을 정하기 위하여 사용자 대표와 근로자 대표가 단체협약을 체결하는 것을 허용하였고, 나아가 장려하였다. 단체협약은 협약 당사자인 사용자 단체와 노동조합에 대해서 '구속력'(*force obligatoire*)을 갖는 일종의 계약이다. 그러나 단체협약은 또한 협약 당사자인 사용자 단체에 가입한 모든 사업들에 대해서 '규범력'(*force normative*)을 갖는 사법상의 법규이다. 단체협약은 법원이 적용할 책무를 지고 그 준수 여부가 근로감독관에 의하여 통제되는 법령의 영역에 속한다. 사법과 공법의 구분을 벗어나는 혼합적 법률행위인 단체협약은 그 역사적 발전에 비추어서만 관련 법제를 이해할 수 있는 대단히 독특한 법적 장치이다.

1. 단체교섭의 역동성 — 법의 편재성(遍在性)에 의하여 지배되는 프랑스 노사관계 모델에서 단체협약은 오랫동안 부차적인 역할을 수행하는 데 머물렀다. 1919년의 법률에 의하여 프랑스 법에 도입된 단체협약은 잇따른 입법적 개혁과 더불어 많이 변하였다. 이 입법적 개혁들은 점차 단체교섭을 노동법의 변화와 적응을 위한 우선적 방식으로 만들었다. 단체협약의 '확장'(*extension*) 제도는 1936년에 나타났다. 단체협약의 확장 제도는 단체협약에 '만인효'(*erga omnes*)를 부여하는 것이다. 곧 협약 당사자인 사용자 단체에 가입하지 아니한 사업들에 대해서도 행정명령으로 협약의 규범적 효력을 확장함으로써 단체협약을 모두에 대해서 구속력을 갖는 것으로 만드는 것이다. '사업별 협약'(*conventions collectives d'entreprise*)을 체결할 수 있는 가능성은 1972년에 완전히 열렸다. 동시에 '단체교섭에 대한 근로자들의 권리'(*droit des salariés à la négociation collective*)도 처음으로 천명되었다. 반대로 그룹 내 단체교섭이라는 관행이 입법적으로 승인되기 위해서는 2004년까지 기다려야 했다. 또한 이른바 교섭된 법의 관행이 발전하기 시작한 것도 1970년대부터이다. 교섭된 법이란 노동법의 어떤 영역(월급제, 직업훈련, 비정규직, 해고, 근로시간의 조정 등)을 개혁하기 위하여 노사 또는 정부의 주도로 교섭되고 체결된 '전 산업별 협약'(*accord national interprofessionnel*)의 전부 또는 일부에 대하여 법으로서의 효력을 부여하는 것이다. 유럽 법은 유럽의 노사가 사회적 영역에서 지침안을 작성할 수 있도록 허용함으로써 이러한 교섭된 법의 기술을 취하였다. 마지막으로 1982년에 오루 개혁법들은 산업과 사업에 대해서 '교섭 의무'(*obligation de négocier*. 그 후 그 목록은 계속 늘어났다)를 부과하였고 법령상의 규정의 적용을 배제할 수 있는 '불이익변경협약'(*ac-*

cords dérogatoires)의 체결 가능성을 규정하였다(L. 2232-21조).

이와 같은 단체교섭법의 발전은 그 기능의 변화와 함께 진행되었다. 산업별 협약과 달리 사업별 협약 또는 전 산업별 협약은 경쟁에 대한 사회적 경찰의 역할을 담당하는 것이 아니라, 노동법의 법원을 계약화시키는 데 복무한다. 이 계약화는 불이익변경협약이라는 기술 속에서도 드러나지만, 특히 단체교섭의 대상의 변화 속에서 더욱 명확히 드러난다. 단체교섭은 더 이상 양적인 것(근로시간과 임금)의 교환에 머물지 않고, 노동관계의 거의 모든 질적인 측면(직업훈련, 남녀평등, 사회복지, 고용 등)을 대상으로 삼는다.

2. **단체협약법** — 단체협약은 그 적용 범위에서 대표적인 노동조합과 사용자 또는 사용자 단체 사이에 체결된 문서이다. 좀 더 엄격한 의미에서, '일반단체협약'(*convention collective*)은 고용 및 근로에 관한 조건의 일체를 다루는 것을 가리키며 '특별단체협약'(*accord collectif*)은 특정한 문제를 다룬다. 조합대표위원이 없는 많은 사업들(특히 중소기업)의 상황에 직면하여, 법률은, 일정한 유보를 단 채, 종업원 대표로 선출된 자(L. 2232-21조) 또는 그러한 자가 없는 경우에는 산업 내 대표적 노동조합에 의하여 위임된 근로자(L. 2232-24조)에 의하여 단체협약이 체결될 수 있도록 하고 있다. 서로 다른 단체협약들은 원칙적으로 위계적 규범 구조 속에 들어가는데, 이는 법령보다 근로자에게 더 불리한 모든 협약 조항은 근로자에 대해서 적용시킬 수 없도록 한다(L. 2251-1조). 이 원칙에 대한 예외는 불이익변경협약의 경우뿐인데, 이 협약은 법이 명시적으로 허용하는 경우에 법이 정해 놓은 요건에 따라서만 교섭되고 적용될 수 있을 뿐이다. 이 유리의 원칙은

서로 다른 수준의 단체협약들 사이에서도 적용되었기 때문에, 근로자는 가장 유리한 단체협약 규정의 적용에 대한 권리를 가지고 있었다. 그러나 2004년 5월 4일의 피용Fillon 법에 의하여 이제 사업별 협약은 상위의 협약이 다르게 규정하지 않는 한 상위의 협약에 반할 수 있다. 단지 4개의 사항만이 법률에 의하여 상위 협약에 반하는 것이 금지되고 있다. 최저임금, 직무분류, 추가적 사회보장, 직업훈련을 위한 기금운영이 그것이다(L 2253-3조). 다른 사항에 대해서는 이제 사업별 협약은 근로자의 협약상 지위를 개선하는 것이 아니라 악화시키는 것에 복무할 수 있게 되었다.

단체협약의 규범적 효력은 통상적으로 해당 협약의 체결 순간에 당사자인 사용자 단체에 가입하고 있고 협약의 지리적, 직업적 적용범위에 들어가는 사용자에 의하여 체결된 모든 근로계약에 대해서 생긴다. 판례는 경제적 실체를 왜곡하지 않는 선에서 협약의 당사자들이 산업의 범위를 스스로 정할 수 있음을 인정한다. 특정한 산업 부문 또는 지리적 영역에서 단체교섭이 부재하는 상황을 대처하기 위해서, 노동법전은 협약의 적용 범위에 들어가는 모든 근로자와 사용자에 대해서 행정명령으로 산업별 협약을 '확장'(*extension*)시킬 수 있는 요건과 협약의 적용 범위를 넘어 '확대'(*élargissement*)시킬 수 있는 요건을 정하고 있다.

노사관행 또는 사용자의 일방적 약속(특히 사업위원회에서 행해진 약속, 이른바 "비전형 협약"(accords atypiques))과 함께 단체협약은 사업의 종업원에게 적용되는 '집단적 규정'(*statut collectif*)을 형성한다. 이 집단적 규정은 강제되지만 근로계약 속으로 화체되지는 않으며, 따라서 근로자의 개별적 동의 없이도 변경될 수 있다. 이 규칙은 두 가지

완화 조치를 알고 있다. 첫째, 해지된 협약은 새로운 협약이 체결될 때까지 그리고 해지 예고 기간이 만료한 시점부터 최대한 1년까지 효력을 발휘한다. 둘째, 근로자들은 해지된 협약의 적용에 의하여 '기취득한 개별적 권리들'(*avantages individuels acquis*)을 향유할 권리를 보존한다.

제 7 장　임금과 근로시간의 교환

근로계약은 쌍무적인 계약이다. 즉 두 당사자 사이의 상호 채무의 교환의 영역이다. 만약 두 당사자 중의 한 명이 그 채무를 이행하지 않으면, 다른 당사자는 더 이상 자신의 채무를 이행할 책임을 지지 않는다. 근로계약의 특수성은 근로자의 의무의 특수한 성격과 관련되어 있다. 즉 근로계약의 특수성은 어떤 특정한 상품이나 서비스를 목적으로 하는 것이 아니라 근로자가 사용자의 종속하에서 일하도록 약정된 '시간'(*temps*)을 목적으로 한다는 점에 있다. 사용자에게 부과되는 일정한 금액의 지급 채무는 덜 특수한 것이지만, 이 '임금'(*salaire*) 채무는 근로자의 경제적 의존성을 고려한 특별한 규칙들에 구속된다.

I. 근로시간

근로시간의 측정은 추상적 노동의 개념을 교환 가능한 목적물로 삼을 수 있도록 하는 것이다. 따라서 근로시간을 측정하는 것은 근로시간을 제한하거나 줄이거나 조직하는 것의 선행 과제이다.

1. 근로시간의 측정 — 근로시간을 정의하는 것보다 더 간단해 보이는 것은 없지만 더 복잡한 것도 없다. 침대에서 자고 있는 당직 간호사, 그 날의 첫 번째 고객을 방문하기 위하여 이동중인 영업대리인, 작업장에서 간단한 식사를 하고 있는 벽돌공, 단골 손님을 기다리면서 손톱 정리를 하고 있는 판매원 아가씨들은 일을 하고 있는 것인가, 쉬고 있는 것인가? 근로시간일 수도 있고 휴식시간일 수도 있는 어떤 시간의 이중적 모습은 실체에 따라 판단된다. 그리하여 노동법상 세 가지 유형의 시간을 구별하기에 이른다.

첫째, '실근로시간'(*temps du travail effectif*)이다. 이에 대하여 법은 판례를 확인하면서 "근로자가 사용자의 처분하에 있으며, 사용자의 지시에 따라야 하기 때문에 자신의 채무로부터 자유롭게 벗어날 수 없는 시간"으로 정의한다(L. 3121-1조). 사용자의 지시에 구속된다는 것과 자유롭게 시간을 사용할 수 없다는 것이라는 두 가지 기준은 예컨대 고객과 업무상 식사를 같이 하는 시간(실근로시간)과 점심 시간에 근로자에게 허용된 자유 시간을 구별할 수 있도록 해 준다.

둘째, 법은 중간적 시간을 예정하고 있는데, 이는 업무의 이행이 느슨해지지만 완전히 사라진 것은 아니며 특별한 임금 지급 규칙에 따르는 시간이다. 이는 업무의 실제 수행이 없는 막간들을 포함하고 있는 특정한 고용(호텔, 식당 등)에 대해서 시행령으로 규정할 수 있는 '간주시간'(*heures d'équivalence*)의 경우가 해당된다. '대기시간'(*astreintes*)도 또한 해당되는데, 대기시간이란 "근로자가 사용자의 항상적이고 즉각적인 처분하에 있지 않으면서 사업의 업무를 위하여 근로를 수행할 수 있도록 하기 위하여 자신의 주거나 근접 거리에 머물러 있어야 할 의무가 있는 시간"으로 정의된다(L. 3121-5). 마지막으로 특별한 작업복을 착용하는 것이 근로자에게 강제되는 경우에 근로 장소에서 '옷을 갈아입는 시간'(*temps d'habillage et de déshabillage*)도 이에 해당된다.

셋째, 법은 근로자가 사용자에 대해서 모든 의무로부터 완전히 해방되어야 하는 '휴식시간'(*temps de repos*)을 강제하고 있다. 원칙적으로 모든 근로자는 매일의 휴식(연속하는 11시간)과 일요일 휴식(예외적 경우에 주중의 다른 날 휴식)을 누리며, 한 달의 근로당 이틀 반의 연차유급휴가를 갖는다. 경축일 제도(L. 3133-1조)는 관행이나 단체협약에 의하여 규율되며, 5월 1일 노동절은 의무적으로 유급으로 일을 하지 않는 날이다.

2. 근로시간의 제한 — 근로시간은 두 가지 법정 제한 속에 갇힌다.

첫째는 '법정근로시간'(*durée légale du travail*)인데, 2000년 1월 19일 법 이래로 주당 35시간으로 정해져 있다(L. 3121-10조). 이 법정 근로시간은, 2002년의 정치적 교체에 의해서도 변경되지 않았는데, 최소 시간도 아니고 최대 시간도 아니며, 다만 그 시간 밑으로는 단시간으로 간주되며(L. 3123-1조 이하) 그 시간 위로는 초과근로시간으로 간주되는 기준이 되는 시간이다. 사용자는 '초과근로시간'(*heures supplémentaires*)을 자유롭게 사용할 수 있는데 그 법제는 초과근로시간이 사업별 협약이나 사업별 협약이 없는 경우에는 산업별 협약 또는 시행령에 의하여 정해진 연간 최대 허용 범위를 넘어서는가 아닌가에 따라 달라진다. 적법하게 부과되는 초과근로는 근로자에게 강제되며, 근로자는 그 대가로 할증임금이나 보상휴식을 취득한다(L. 3121-22조 이하). 이 규칙은 임원급 관리직에게는 적용되지 않는다(L. 3111-

21조). 다른 근로자들의 경우에는 주 단위, 월 단위 또는 연 단위로 일정한 근로시간 수를 정하고 그에 대한 포괄적 임금액을 정한 개별적 포괄 협정을 체결한 경우에는 일정한 조건하에 이 규칙이 적용되지 않을 수 있다. 탄력적 근로시간에 관한 협약은 산업 단위 또는 사업 단위에서 체결될 수 있는데, 근로자당 1년에 1,607시간의 범위 안에서 35시간을 초과하거나 밑도는 주를 둘 수 있도록 하는 것이다(L. 3122-1조 이하).

두 번째는 법에 의해서 허용되는 '최대근로시간'(*durées maximales*)이다. 실근로시간은 하루에 10시간 한 주에 48시간(또는 연속하는 12주를 평균하여 한 주에 44시간)을 초과할 수 없다. 예외적인 경우에 최대근로시간을 초과하는 것이 인정될 수 있지만, 결코 주당 실근로시간이 60시간을 초과할 수 없다.

3. **근로시간의 단축** — 사용자는 근로계약을 변경하지 않고 일방적으로 근로시간을 단축할 수 없다. 유일한 예외는 사업의 일시적인 경제적 어려움에 대처하기 위한 '휴업'(*chômage partiel*)인데, 이 경우 근로자에게 보상하는 수당을 지급해야 한다. 반대로 단체협약은 법정 시간보다 근로자에게 더 유리한 '통상근로시간'(*durée normale*. 임금의 손실 없이 단축된 시간)을 산업 단위 또는 사업 단위에서 정할 수 있다. 마지막으로 입법자는 근로시간의 단축을 강제할 수 있다. 1936년(주 40시간), 1981년(주 39시간) 그리고 1998/2000년(주 35시간)에 그렇게 하였다.

주 35시간제는 일자리 나누기와 실업에 대한 대책으로 제시되었다. 그 실효성은 노동 관계의 탈규제만큼이나 의심스럽다. 인간의 고

통을 줄이는 것은 그 자체로 하나의 목적이지만, 근로시간의 단축이 노동 강도의 과도한 증가를 초래하는 경우에는 달성될 수 없는 목적이다. 다른 측면에서, 법정 근로시간의 단축은 임금의 정체를 초래한다. 실상, 이것이 근로시간 단축이 전일제 고용을 갖지 못한 오늘날의 수많은 근로자들에게 미치는 유일한 효과이다. 마지막으로, 법정 근로시간의 단축은 사용자가 초과근로를 사용할 수 있는 권리를 박탈하지 않으며 실근로시간에 대해서는 간접적인 효과만을 가질 뿐이다.

주 35시간 법은 보조금을 통하여 사용자로 하여금 근로시간의 단축에 관하여 교섭할 것을 촉진하였다. 그 후 정반대의 경로가 취해졌다. 법정 근로시간의 초과가 입법자에 의하여 장려되었는데, 입법자는 구매력의 증대라는 이름으로 초과근로 사용을 널리 용이하게 하였고 초과근로수당에 대해서 사회보험료와 조세를 면제하였다(2007년 8월 21일의 이른바 TEPA 법). 이 새로운 방향은 고용과 임금에 있어서 과거의 방향 이상의 효과를 가지고 있는 것으로는 보이지 않는다.

4. 근로시간의 조직 — 원칙적으로 근로는 사용자에 의하여 사업 내에서 집단적 시간표에 따라 조직된다. 그러나 예외가 많다(각종 교대제 근로, 주말 근로, 개별적 시간표, 단속적 근로 등). 또한 법이 근로시간의 통상적인 조정을 예정하고 있는 주 단위는 보다 긴 주기의 조정 또는 연 단위의 탄력적 근로시간제를 위하여 일정한 조건하에서 배척될 수 있다. 마지막으로, 여성의 야간근로 금지는 유럽 법원의 압력하에 폐지되었으며, 따라서 이제 사용자는 남녀 모두에게 동일한 조건(엄격한)으로 여성의 야간근로를 사용할 수 있다. 일반적으로, 근로시간을 조정하는 문제는 사업으로 하여금 근로시간의 "유연

화"(flexibilisation)를 교섭할 수 있도록 해 주는 불이익변경협약의 대표 영역이었다.

II. 임 금

임금은 근로자의 노동력의 임대 가격이다. 흔히 월급으로 지급되는 기본급에 더하여 다양한 항목들이 덧붙여진다(상여금, 13개월치, 다양한 특별 수당들). 이것들도 법적으로는 임금으로 분류된다. 기준 임금은 '총임금'(*salaire brut*)이다. 사용자는 총임금에서 근로자가 납부하여야 할 사회보험 납입금(보험료)을 공제한 후 '실수령임금'(*salaire net*)을 지급한다. 사용자가 납부해야 하는 사회보험 납입금(분담금)도 총임금을 기준으로 매긴다. 사업에 있어서 고용의 '임금비용'(*coût salarial*)은 따라서 실수령임금에 사회보장 납입금(보험료와 분담금)을 합한 것이다. 프랑스에서 의무적 사전 공제 구조는 근로소득세(모든 근로소득에 대해서 누진적으로 적용)에 비하여 상대적으로 고부하인 사회보험 납입금(단 1유로부터 시작하여 모든 근로소득에 대해서 누진제 없이 부과)에 의하여 특징지워진다. 1990년부터 활성화된 일반사회기여금(CSG)은 모든 소득에 대하여 약하게 누진적으로 매겨지는 세금인데, 이러한 상황을 의미있게 바꾸지는 않는다. 사회보험 납입금의 고부하는 "임금"(salaire)의 정의를 벗어나는 형태의 보수 항목의 매력을 설명한다. 여기에는 사업경영성과분배금(L. 3311-1조 이하), 사업연금계획(L. 3331-1조 이하) 또는 종업원지주제(특히 임원급 관리직에게 부여되는 스톡옵션(*stock-options*): 상법전 L. 225-177조 이하) 등 근로자의 재정적 참여의 명목으로 입법자가 장려하고자 애쓰는 모든 형식들이 해당된다.

1. **임금의 액수** — 원칙은 임금은 근로계약이나 단체협약으로 자유롭게 정한다는 것이다. 1982년 오루 법에 의하여 도입된 산업 단위 또는 사업 단위에서 임금에 관하여 교섭해야 할 의무에 의해서도 이 자유는 침해되지 않는다. 그러나 이 자유는 세 가지 제한을 받는다. 첫 번째는 최저임금(SMIC)이다. 최저임금은 소비자 물가 지수의 변동과 평균적 임금 수준을 받는 자의 구매력 증가 상황을 고려해야 한다. 최저임금은 매년(7월 1일) 정부에 의하여 정해지며 모든 근로계약에 대해서 강제된다. 최저임금을 준수할 의무는 일반적 법원칙으로서 공공 부문에서도 강제된다(CE 1982. 4. 23. Toulouse시 사건). 임금의 자유로운 결정에 대한 두 번째 제한은 임금을 일반적 물가 수준이나 최저임금 수준에 연동시키는 조항을 금지하는 것이다. 세 번째는 "동일노동 동일임금"(à travail égal, salaire égal) 원칙인데, 사용자는 동일한 상황에 있는 모든 근로자에게 동일하게 임금을 지급해야 한다. 남녀 간의 동일임금만이 법률에 의하여 명시되어 있지만, 판례는 이 원칙에 일반적 지위를 부여하였다(파기원 사회부 1996. 10. 23. Ponsolle 사건).

2. **임금의 지급** — 임금의 지급은 근로자에게 '임금명세서'(*bulletin de paie*)를 지급하는 것과 함께 이루어져야 한다. 임금명세서는 임금 계산의 세부 항목 및 근로자의 고용상의 주요 사항들(직업자격, 적용되는 협약, 사회보장 납입금의 액수와 성격, 유급휴가 등)을 알려 주기 위한 것이다. 이 임금명세서는 사용자가 혼자서 작성하는 것으로서 그

내용은 근로자를 구속하지 않으며, 분쟁이 발생한 경우 임금 지급의 실체를 입증할 책임을 사용자로부터 면해주는 것은 아니다. 임금 채권의 시효는 5년이다. 그 밖에도 다양한 규정들이 사업의 지불 불능으로부터 근로자를 보호하고자 한다. 그 중에서도 가장 중요한 것은 사업의 파산 위험에 대응하여 보험을 의무적으로 들도록 하는 것인데, 상인, 수공업자, 농업인 또는 사법상의 법인으로서의 지위를 갖는 모든 사용자에 대해서 의무로 부과된다(L. 3253-6조). 이 보험은 임금 채권의 운영을 위한 사용자 협회(AGS)에 의하여 운영되는데, 이 협회는 실업보험 기관을 통해서 납입금을 징수하며 법률에 의해서 정해진 범위 안에서 청산중인 사업의 자산에서 지불되지 못하는 임금 채권을 변제한 후 근로자의 권리를 대신 행사한다.

제 8 장 안 전

노동법의 첫 번째 목적은 사업이 근로자에게 직면하도록 하는 질병과 사고의 위험으로부터 근로자의 신체적 안전을 보장하는 것이었다. 이후 입법자는 근로자에게 특정한 경제적 안전도 보장하기 위해서 노력했다. 이는 근로계약을 안정화시키고 근로자의 직업적 능력을 유지하는 것을 목적으로 하는 고용법을 발전시킴으로써 이루어졌다.

I. 신체적, 정신적 안전

노동법은 우선 노동자의 신체를 보호하는 법으로서 발전되었다. 사용자에게 종속되고 위험한 기계 앞에 노출된 노동자는 더 이상 자신의 안전에 대한 책임을 질 수 없었다. 사용자의 일에 근로자가 육체적으로 투여되는 상황은 사용자로 하여금 일정한 안전상의 의무를 지도록 했으며 노동자에게 일어나는 사고에 대해서 책임을 지도록 하였다. 이러한 사고는 이중으로 위험한 것인데, 근로자의 신체를 상하게 할 뿐만 아니라 근로자의 수입의 유일한 원천을 상하게 하기 때문이다. 노동법의 알맹이였고 여전히 알맹이인 신체적 안전 확보의 원칙은 일반 채권법의 발전에 많은 영향을 미쳤다. 이 원칙은 유럽 사회법에서도 중요한 위치를 차지한다(특히 1989년 6월 12일의 유럽연합 지침과 함께).

사용자는 근로자에 대해서 '결과적 안전 의무'(*obligation de sécurité de résultat*)를 진다. 사용자가 인지했거나 인지했어야 하는 위험으로부터 근로자를 지키기 위하여 필요한 조치들을 취하지 아니한 점만으로도 용서할 수 없는 과실을 구성하게 되며, 사용자는 건강보험에 의하여 손해의 완전한 보상을 받도록 해야 한다(파기원 사회부 2002. 2. 28. Eternit 사건). 이 계약상 의무에 더하여 파견 근로자를 포함하여 사업 내 사용되는 모든 근로자에 대하여 사업주에게 부과되는 '법상 안전 의무'(*obligation légale de sécurité*)가 포개진다(L. 4121-1조 이하). 권한을 가진 자로서 사업주는 이 안전 의무에 대한 위반에 대해서 직접적으로 그리고 개인적으로 책임을 져야 하며, 아주 엄격한 조건하에서만 이 책임을 떠맡길 수 있다. 파기원 형사부는 처음부터 이 법상 의무에 대하여 일반적 지위를 부여하였는데, 따라서 이 법상 의무는 노동법전이 이런저런 위험한 업무에 대하여 규정하고 있는 사항을 준수하는 것을 넘어서는 것으로까지 확장된다. 법인의 형사 책임은 1976년에 산업재해와 관련해서도 등장하였는데, 이는 형법전에 의하여 승인되고 확대되었다(형법전 L. 121-2조).

"탈산업"(post-industrielle) 사회에서 노동의 변모는 사업 내에서 새로운 신체적 위험(컴퓨터 작업에서의 질병 등)뿐만 아니라, 심리적 위험도 나타나게 하였다. 근로시간의 단축에 수반되고 인적 자원 관리의 새로운 방식("스트레스를 통한 관리"(gestion par le stress))에 의하여 더 악화된 노동 강도의 증가는 오늘날 법이 금지하고 있는(L. 1152-1조 이하) 근로자에 대한 일종의 '정신적 학대'(*harcèlement moral*)로 번역될 수 있다. 좀 더 일반적으로, 사용자의 안전 의무는 근로자의 '정신적 건강'(*santé mentale*)으로까지 확대되었다.

1976년부터는 산업재해와 직업병의 '예방'(*prévention*) 조치에 강조점이 두어졌다. 다양한 유형의 규칙들이 이 예방을 위해서 마련되었다. 사업 내에서 준수해야 할 위생 및 안전에 관한 규칙들, 일정한 범주의 근로자에 대해서(연소자, 비정규직) 특히 위험한 업무를 금지하는 것, 작업 도구와 근로 장소를 설계하고 만드는 자에게 부과되는 안전 규정, 근로자가 노출되어 있는 위험을 근로자에게 알리고 교육시킬 의무 등이 그것이다. 근로자에게도 일정한 적극적 역할이 주어지는데, 근로자는 작업 상황이 자신의 생명이나 건강에 중대하고 임박한 위험을 초래한다고 생각할 만한 합리적인 이유가 있는 경우에 그 작업 상황으로부터 '물러날 권리'(*droit de se retirer*)와 이러한 상황 및 안전 보호 시스템상에서 발견한 모든 결함들을 알려야 할 의무가 있다(L. 4131-1조 이하).

사업 내에서 근로자가 안전에 참여하는 것은 집단적 차원에서도 이루어지는데, 이는 '위생안전근로조건위원회'(*comité d'hygiène, de sécurité et des conditions de travail*: CHSCT)를 통해서 이루어진다. 이 위원회는 중대하고 임박한 위험을 경고할 권리를 가지며 좀 더 일반적으로는 사업 내에서 안전에 관하여 심의하고 감독할 임무를 갖는다(L. 4611-1조 이하).

이는 또한 근로감독관의 핵심적인 권한 중의 하나이다. 근로감독관은 이를 위하여 폭넓은 조사 권한을 갖는다. 근로감독관은 확인된 위법 사항에 관하여 보고서를 작성하고 근로자의 신체적 완전성에 심각한 침해를 가할 위험이 있는 경우에는 가처분을 신청하여 그 위험을 제거하기 위한 조치를 명하도록 할 수 있다.

II. 경제적 안전

근로계약은 단순히 근로와 임금 사이의 '교환'(*échange*)만은 아니다. 근로계약은 또한 당사자들 사이에 일정한 '관계'(*lien*)를 창설한다. 이 관계는 우선 종속 관계로 정의된다. 그러나 이와 같이 자신의 자유를 포기한 근로자는 그 대가로 일정한 경제적 안전을 보장받는다. 고용을 정의하는 것은 바로 이 종속과 안전의 관계이다. 고용은 양적인 것의 교환(근로시간과 임금)에 더하여 종속과 안전이라는 질적인 것의 교환을 포갠다. 모든 노동이 고용인 것은 아니며, 시장에서 노동을 제공하는 근로자는 또한 고용의 수요자이기도 하다. 힘들게 일하지만 통상적인 수준의 생존 수단을 확보하지 못하는 '가난한 근로자'(*travailleurs pauvres*) 수의 증가는 노동을 경제적 안전으로 접근하는 열쇠로 삼는 것을 핵심적 목표로 갖는 노동법의 파산의 징후이다. 이 목표는 오랫동안 고용의 안전과 동일시되어 왔다. 그러나 대중실업의 지속은 이 안전을 개인들의 직업적 능력을 오랜 기간에 걸쳐 교육하고 유지하는 것에 터잡도록 한다.

1. 고용의 안전 — 고용의 안전을 추구하는 것은 계약 관계를 안정화시키기 위한 규칙들의 총체로 번역된다. 일부는 계약의 유지를 조직하며, 나머지는 계약을 파기할 가능성을 제한한다.

노동법에 고유한 많은 장치들은 계약 관계를 위험에 빠뜨릴 수 있는 사건들에 직면하여 '계약 관계의 유지'(*maintien du lien contractuel*)를 담보하기 위한 것이다. 근로자의 일시적인 신체적 부적합성의 경우(질병, 임신과 출산, 사고)에 계약을 정지시키는 것 또는 사업의 일시적인 경제적 어려움의 경우에 근로시간을 일시적으로 단축하는 것(휴업) 등이 그것이다. 그러나 가장 특징적인 것은 사용자의 법적 지위에 변동이 생긴 경우(양도, 합병 등)에 근로계약의 양도를 강제하는 것이다. 1982년부터 법은 그러한 경우에 "사업이전시 유효한 모든 근로계약은 새로운 사용자와 사이에 존속한다"(L. 1224-1조)라고 규정하고 있다. 유럽 법에서도 채택된 이러한 규칙은 사용자뿐만 아니라 근로자에게도 강제된다. 법은 또한 종전에 적용되던 단체협약의 일시적인 유지도 규정하고 있다(L. 2261-14조). 따라서 근로계약은 새로운 사용자하에서 종전의 조건에 따라 지속된다. 이 규정을 적용하는 데 있어서 제기되는 주된 어려움은 근로계약의 지속을 담보하는 사업의 지속에서 "사업"(entreprise)을 정의하는 문제이다. 유럽 법원의 연장선 위에서 파기원은 "동일성을 유지하고 업무를 계속해서 영위하는 경제적 일체의 모든 이전"에 대해서 이 규칙을 적용한다(파기원 전원합의체 1990. 3. 16. Sté nîmoise de tauromachie 사건). 2001년 3월 12일의 유럽연합 지침에 따르면, 이 경제적 일체는 "본질적인 것이든 부수적인 것이든 어떤 경제적 활동을 계속하기 위하여 제 수단으로 조직된 일체"로 이해되어야 한다. 법원은 따라서 이전된 활동(의도적이든 아니든)이 원래의 사업에서 자율적 방식으로 조직되어 있었는지 여부를 각 경우마다 살펴야 한다.

'해고권'(*droit de licenciement*)의 제한은 고용을 보호하기 위하여 사용되는 또 다른 장치이다. 1973년까지 해고의 자유는 거의 완전한 것이었으며, 근로자가 해고의 남용을 입증하는 데 성공한 경우에만 제한되었다. 이에 모든 해고를 절차적 요건(예고 기간의 준수)과 실체적 요건(진실하고 심각한 이유)의 준수에 구속시키고 근로자에게 부과되었던 입증 책임을 제거하기 위하여(오늘날 두 당사자는 사실 관계의 확정을 위해서 경쟁해야 하며 의심은 근로자를 이롭게 한다) 입법자가 개입하였다. 그리고 1975년에 경영상 해고에 관한 특별한 요건들(L. 1233-1조 이하)을 창설하기 위하여 두 번째로 법률이 개입하였다. 1986년부터 경영상 해고는 더 이상 행정관청의 승인을 얻지 않아도 되었지만, 종업원을 대표하는 자에게 사전에 보고하고 협의하는 절차의 대상이 되어야 한다. 최후 수단이 된 경영상 해고는 사업 내 또는 그룹 내에서 사회적 수반 조치들을 대가로 근로자를 재배치하거나 조정할 수 있는 가능성(가장 흔한 것은 나이 많은 근로자들을 조기퇴직시키는 것이다)이 없는 경우에만 인정될 수 있다. 많은 인원을 해고하는 경우(근로자 수 50인 이상의 사업에서 10명 이상을 해고하는 경우)에는 고용유지계획(흔히 사회계획이라 부른다)을 사업위원회에 제출해야 하는데, 이를 제출하지 않으면 해고 절차가 무효가 된다. 이 고용유지계획은 특히 해고를 피할 수 없는 근로자들을 외부로 전환배치하는 것을 목적으로 해야 한다. 이러한 절차의 복잡함과 법적 불안정성을 피하기 위하여 노사는 사업위원회의 정보 제공과 협의 절차에 반하는 절차를 정하는 "기준협약"(accords de méthode)을 체결할 수 있다(L. 1233-21조). 개별적 수준에서는 사용자와 근로자는 2008년 6월 25일 법에 의하여 정해진 조건에 따라 근로계약의 합의 해지를 선택함으로써 해고 절차를 우회할 수 있다(L. 1237-11조 이하). 노동법은 이와 같이 경제적 결정에 사후적으로 개입하며, 그 결정을 사전에 좌우하는 것(예컨대, "주식을 위한 해고"(licenciements boursiers)를 가치있게 평가하는 회계 규범)에 대해서는 입법자는 모르고 있다. 인간을 언제나 비용으로만 고려하고 결코 가치로는 생각하지 않는 규범 체계에서는 해고법제는 예정된 사회적 파탄을 제한하는 수단에 지나지 않는다.

근로계약은 원칙적으로 기간의 정함이 없으며(L. 1221-2조), 해고법제를 피해가는 비정규 근로계약의 체결은 엄격한 조건에서만 허용된다. 그러나 입법자는 고용 보장을 채용에 대한 장애물로 바라보는 경제학 이론에 굴복하면서 비정규 계약을 체결할 수 있는 가능성을 증가시켰으며, 그럼으로써 노동의 불안정화와 빈곤화를 증대시킬 위험을 겪고 있다. 실업자의 고용 복귀를 용이하게 하기 위하여 국가는 매우 예외적인 경우를 제외하면 그 또한 불안정 계약들인 특별 계약들(고용연대계약, 고용이니셔티브계약, 미래계약, 편입계약 등으로 끊임없이 이름이 바뀐다)에 보조금을 지급하고 있다.

2. 고용을 넘어: 직업적 능력에 관한 법제 — 30년 간의 대중실업을 겪고 수많은 근로자들의 빈곤과 취약성의 상존에 직면하여, 가장 열악한 처지에 놓여 있는 자들의 채용을 보조하거나 해고에 수반된 조치들에 대하여 재정적 지원을 하는 것을 목적으로 하는 고용 정책의 실효성에 대하여 회의주의가 퍼지고 있다. 이는 일부의 논자들

로 하여금 노동의 나눔을 희망하거나 또는 노동의 종말을 예언하게 한다. 그러나 이 둘은 모든 건강한 인간에 고유한 가치인 노동과 그러한 노동의 특수한 형태일 뿐인 고용을 혼동하는 것이다. 고용은 여전히 경제적 안전을 조직하는 핵심적인 요소이지만, 더 이상 배타적인 틀은 아니다. 유럽 국가들에서 노동법이 변화하는 것을 주의깊게 지켜보면 새로운 장치들이 나타나고 있음을 볼 수 있다. 이 새로운 장치들은 더 이상 고용에 연동하는 것이 아니라 근로자의 능력에 연동하고 있으며, 그 지평은 임금노동에만 국한되는 것이 아니라 모든 형태의 노동에 열려 있다. 법과 단체협약은 더 이상 위험에 직면하여 근로자들을 '보호하는 것'(*protéger*)만을 목적으로 하지 않으며, 자신들의 자유를 행사하는 데 있어서 근로자들을 '지원하는 것'(*soutenir*)도 목적으로 한다. 이는 특히 '사회적 인출권'(*droits de tirage sociaux*)의 목적인데, 사회적 인출권이란 근로자가 자신의 직업적 삶 속에서 어떤 선택을 하는 데 있어서 사회적 연대를 동원할 수 있도록 하는 것이다. 이 사회적 인출권은 흔히 휴식을 위한 휴가가 아니라, 고용이 아닌 다른 형태의 경제 활동을 영위하기 위한 특별한 휴가들의 형태로 나타난다. 순전히 형식적인 자유들(스스로를 교육시킬 수 있는 자유, 아이들을 키울 수 있는 자유, 영업을 할 수 있는 자유, 고용을 바꿀 수 있는 자유, 정치적 활동에 참여할 수 있는 자유 등)은 이렇게 해서 구체적인 자유들로 변모되고, 거기에 연대 원칙의 새로운 적용 공간이 열린다. 일반적으로, 이러한 접근은 새로운 형태의 노동 조직의 심장부에 있는 자유와 안전과 책임이라는 절대적 요청들을 분리하지 않을 것을 요구한다. 근로자들의 일생에 걸쳐 그들의 능력을 지지하는 것은 여전히 노동법의 근본적 금기들 중의 하나—자신의 자유를 행사할 구체적 수단을 갖지 못한 자에게 그 운명을 책임지도록 하는 것을 금지하는 것—에 이처럼 새로운 표현을 제공한다.

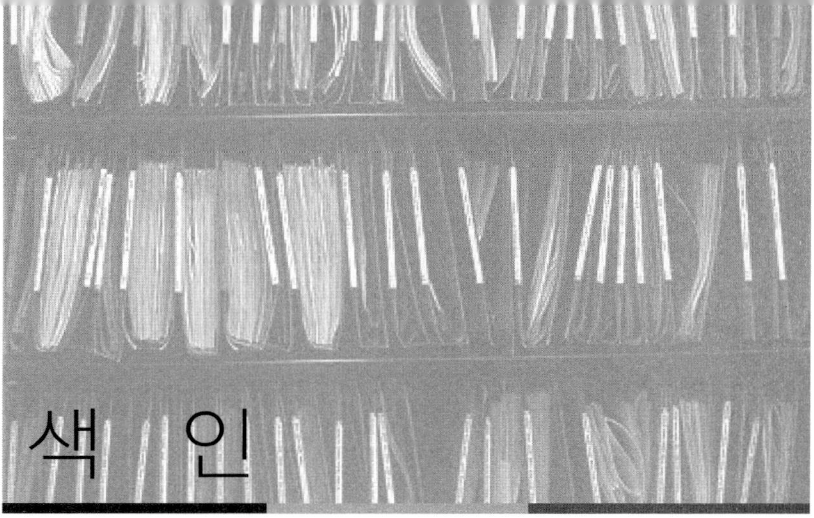

색 인

ㄱ

간주시간 102
결과적 안전 의무 110
경업금지조항 53
경영권 75
경영상 해고 114
경제적·사회적 단일체 52
고용유지계획 114
고용을 넘어 115
고용을 향한 권리 54
고용의 안전 113
공동체적 사업론 51
공익 17
과반수 대표 83
교섭된 법 39, 96
교섭 의무 96
국민적 연대 47
규범적 효력 98
규칙 제정권 76
그룹 52
그룹위원회 86
그르넬 Grenelle 협약 22
근로감독관 41
근로계약 35, 66, 67, 68
근로시간 20
근로시간의 단축 104

ㄴ

내부적 유연화 23
노동 13, 16, 66
노동법 18, 26, 34
노동법원 43, 44
노동법전 21, 38
노동자의 힘(CGT-FO) 60
노동조합 57
노동조합 민주주의 59
노동조합 운동 60
노동조합의 제도권화 63
노동조합의 조직률 63
노무의 임대차 19
노무임대차 15
노사관계 80
노예 14

ㄷ

단결의 자유 *56*
단일대표위원 *85*
단체교섭 *96*
단체소송 *58*
단체협약 *95, 97*
단체협약의 유효성 *85*
단체협약의 확장 *96*
대기시간 *102*
대체소송 *58*
대표성 *82, 84, 89*
독립 노동 *72*
독일 *26*
동일노동 동일임금 *107*

ㄹ

로마법 *14, 19*
르 샤플리에 Le Chapelier 법 *18*

ㅁ

마티뇽 Matignon 협약 *21*
만인효 *96*
망적 모델 *72*
망적 조직 *52*
명석규정 *40*
미국 *31*
민사소송 *43*

ㅂ

발덱-루소 Waldeck-Rousseau 법 *20*
법원 *37, 39*
법원(法源) *38*
법적 종속 *70*
법정근로시간 *103*
보충규정 *40*
보호받는 근로자 *90*
불이익변경협약 *40, 96*

ㅅ

사업 *51*
사업망 *52*
사업별 노동조합 *57*
사업위원회 *85, 87*
사업이전 *113*
사업장위원회 *86*
사업편입성 *70, 71, 72*
사용자 *52*
사용자 단체 *61*
사회법원 *42*
사회적 공서 *30, 40*
사회적 대화 *88*
사회적 민주주의 *47*
사회적 인출권 *116*
산업관계(industrial relations) *28*
산업별 노동조합 *57*
산업재해 *20*
샤프탈 Chaptal 법 *19*
신체적 안전 *109*

실근로시간 102
실수령임금 106
실업보험 47

[ㅇ]

에스파니아 33
연방노동관계법 31
영국 27
오루 보고서 74
오토 칸 프로인트Otto Kahn-Freund 28
옷을 갈아입는 시간 103
외국인 근로자 54
외부적 유연화 23
위생안전근로조건위원회 111
유럽사법재판소 45, 46
유럽사업위원회 86
유럽인권재판소 45, 46
유리의 원칙 97
이탈리아 33
일반사회기여금 106
일본 32
일의 임대차 18
일자리 나누기 54
임금 106
임금명세서 107
2008년 8월 20일 법 84

[ㅈ]

적극적 차별 77
전산업협약(ANI) 39
정신적 학대 111
조직적 종속 69, 70
조직적 종속성 71
조합대표위원 89
조합지부 89
조합지부대표 90
종속 66
종속 관계 69, 112
종속 노동 72
종속된 사업주 73
종업원 대표 선거 86
종업원대표위원 85, 89
종합적 판단 71
중앙사업위원회 86
직업단체 79
직업훈련 54
직장폐쇄 94
직종별 노동조합 57
집단적 대표 81
집단적으로 행사되는 개별적 권리 92
집단적으로 행사되는 개별적 권리 또는 자유 80
집단적으로 행사되는 개별적 자유 56
징계권 77

[ㅊ]

초과근로시간 103
촉발규범 40
총임금 106
최고행정법원 37, 45
최대근로시간 104

최소업무 93
최저임금 107
추상적 노동 18
취업규칙 76

ㅋ

커먼로 27

ㅌ

통상근로시간 104

ㅍ

파기원 사회부 45
파기원 형사부 45
파업 91
파업권 92
평등 77
품위있는 일 55
프랑스기독노동자총연맹(CFTC) 61
프랑스기업운동(MEDEF) 62
프랑스노동총연맹 60
프랑스 모델 29
프랑스민주노동총연맹(CFDT) 61

ㅎ

해고권 114
행정법원 43
헌법 37
헌법블록 37
헌법위원회 39
헌법위원회 37, 38, 50
형사법원 43
확대 98
확장 98
휴식시간 103
휴업 104

● **저자 약력**

알랭 쉬피오 교수는 1979년에 프랑스 보르도 대학에서 〈판사와 노동법〉(*Le juge et le droit du travail*)으로 박사학위를 취득한 후, 푸아티에 대학을 거쳐 현재 낭트 대학에서 교수로 재직하고 있으면서, 낭트고등과학연구원Institut d'études avancées de Nantes 원장을 맡고 있다. 쉬피오 교수의 연구는 노동법과 사회보장법뿐만 아니라, 인류학과 사회학을 포함하여 인문사회과학 전반에 걸쳐 있으며, 특히 사회적 관계의 교의적 기초에 관한 분석을 중요한 주제로 삼고 있다. 주요 저서로는 〈노동법 비판〉(*Critique du droit du travail*, Paris, PUF, 1994), 〈법률적 인간: 법의 인류학적 역할에 관한 시론〉(*Homo juridicus. Essai sur la fonction anthropologique du Droit*, Paris, Seuil, 2005), 〈필라델피아 정신: 시장전체주의에 맞서는 사회적 정의〉(*L'esprit de Philadelphie. La justice sociale face au Marché total*, Paris, Seuil, 2010)이 있다.

● **역자 약력**

서울대학교 법과대학에서 학사학위(1996)와 석사학위(1998)를 취득한 후, 프랑스 낭트 대학에서 알랭 쉬피오 교수의 지도 아래 〈근로자대표론〉(*La représentation collective*)으로 노동법 박사학위(2005)를 취득하였다. 2006년부터 지금까지 한국노동연구원 연구위원으로 재직하고 있다. 주요 저서로는 〈기업집단과 노동법〉(2007, 한국노동연구원), 〈사내하도급과 노동법〉(2009, 한국노동연구원) 등이 있다.

프랑스 노동법

발행일 2011년 8월 10일 초판인쇄
2011년 8월 20일 초판발행

저 자 Alain Supiot
역 자 박제성
발행인 황인욱
발행처 圖書出版 오래

주 소 서울특별시 용산구 한강로 2가 156-13
전 화 02-797-8786, 8787, 070-4109-9966
팩 스 02-797-9911
이메일 orebook@naver.com
홈페이지 www.orebook.com
출판신고번호 제302-2010-000029호.(2010. 3. 17)

ISBN 978-89-94707-39-6

가 격 10,000원